U0921105

财经易文

www.ewinbook.com

人才心理测评

爱德华·霍夫曼 著
曾 飚 艾 晔 译

中国财政经济出版社

图书在版编目(CIP)数据

人才心理测评/(美)霍夫曼著;曾飚,艾畔译. -北京:中国财政经济出版社,2002.12

书名原文:Psychological Testing at Work

ISBN 7-5005-6182-2

Ⅰ.人… Ⅱ.①霍… ②曾… ③艾… Ⅲ.人才-心理测验 Ⅳ.C96

中国版本图书馆 CIP 数据核字(2002)第 085870 号

著作权合同登记号:图字 01-2002-0671

中国财政经济出版社 出版

URL: http://www.cfeph.com.cn

E-mail: webmaster@ewinbook.com

社址:北京海淀区阜成路甲 28 号 邮政编码:100036

发行电话:010-88191017

北京印刷一厂印刷 各地新华书店经销

880×1230 毫米 32 开 10.625 印张 200 千字

2002 年 12 月第 1 版 2002 年 12 月北京第 1 次印刷

印数:1-10000 定价:25.00 元

ISBN 7-5005-6182-2/F·5393

(图书出现印装问题,本社负责调换)

致中国读者

爱德华·霍夫曼

通过了解员工的人格特征来提高工作绩效，获取成功，近年来，这一方法在全球范围内逐渐受到重视。但在过去的几十年里，这一领域尽管也在稳定发展，却始终进展不大。究其原因，主要在于心理学所讨论的人格理论——不管是来自精神分析学家，还是来自行为主义研究者——被高度抽象的理论框架所束缚，没有为经理人、行政人员和员工提供实用的帮助；其次，这些理论研究绝大多数是针对情绪有问题的男男女女的，而不是面向日常生活中行为正常的普通人，以及那些事业成功的人士。心理研究的成果在治疗师的办公室里当然有一定的疗效，但它更应该在组织生产、提高效率、刺激创造性等方面产生不可限量的价值。

这种停滞状态在 20 世纪 80 年代戛然而止，一种强调人格的气质特征和生理基础的观念走到了研究最前沿。这些观念整合了发展心理学、行为基因学、神经病学、生理－精神疗法的成果，为理解日常生活（包括工作部门的

个体）提供了更好的方法。同样重要的是，它与马斯洛思想紧密联系，吸纳了马斯洛关于个人潜能、行为动机以及自我实现理论中令人鼓舞的学说。例如，在领导能力的评估和培训领域中，实际上就遵循了关于个人潜能的观念，注重考察那些高成就人士的人格特质。

此外，计算机技术的高速发展以及复杂的统计技术的出现，也极大增强了评估能力。人格量表的发展不再是件让人痛苦的事，相反，通过计算机软件，我们很容易开发出统计软件包，帮助测验设计者和研究者获得更加清晰的心理测量说明，而不是像以前那样，依赖特殊的测验来验证其有效性。

成绩当然是喜人的，但摆在我们面前的问题依然很多。如何将每个人的创造力最大化，并使之得到充分利用，这还只是一个远景，值得我们从各个角度，运用各种方法去努力。例如，教育环境、家庭关系和社团工作的改善与发展，都与这一远景休戚相关。事实上，这也是一些人本主义思想家（如马斯洛等人）长期奋斗的目标。

所有这些对当代中国意味着什么呢？简而言之，这是一个让人激动的心理学领域，对经理人、人力资源领导、咨询专家、对职业发展感兴趣的员工等等——实际上对今天处在组织生活中的每个人——而言，这一领域潜藏着巨大的价值，并得到越来越广泛的应用。除此之外，我也相信，在不远的将来，中国将不仅仅是关于工作成功的相关心理测量知识的接受者，而且还应该是重要方法和理论的关键贡献者。

如果《人才心理测评》的翻译出版对实现这幅远景有所贡献，我的目标也就实现了。

2002 年 11 月

目　录

序　言

21世纪的中国，越来越多的企业和公司将心理测评用于人员筛选、提升、培训和开发。同时，越来越多的青年人借助于心理测验，规划和管理自己的职业生涯。然而，非正规的心理测评在报刊、网络上比比皆是，这影响了公众对心理测评的印象。“心理测评不准，没什么用”，“心理测评是骗人的”等等想法也就因此产生。所以，掌握科学的心理测评的知识，就成为在日益激烈的竞争中成功的有力手段。

以往，我国出版的心理测评著作大体有两类：一类是以专业人员为对象，系统地介绍艰深的心理测量学专业理论；另一类则是意欲偏重实用，以至于只摘编一些现成的心理测验，而忽略了向读者普及如何解释测验结果，测验的信度、效度，测验的分类使用等基本的心理测验知识。事实上，在企业继续使用的正式职业心理测验的题目是不会公之于众的。只有具备相应资历的专业人员，才有资格购买这些测验。这一方面是保护测验编制者的知识产权，更重要的是保障心理测验的有效性，防止心理测验被滥

用，以免做出损害被试者利益的人事决策。因此，广大读者所需要的，正是这本书所提供的，它称得上是一本用大众可以接受的语言普及心理测评基本知识的力作。

在西方，在职业场所应用心理测验的实践，经过 20 多年的低潮，在 90 年代初重新兴盛起来。其原因就在于测验工具的改进，使得测验结果与某些行业的工作绩效有了显著的相关性。本书作者爱德华·霍夫曼博士是一位使用心理测验 20 多年的心理学家，他在书中介绍了 42 个现今最流行的心理测验，详细解释了它们的目的、构成、效度和用途。作者提供给管理人员和其他有需要的人士有关使用、解释心理测验的原理，以获得被试者人格、学习方式、能力倾向、兴趣等方面的信息。在书中，作者依次介绍了当代主要的人格理论，职业心理测评的发展简史，职业心理测评在美国应用的法律限制，测验的编制及其信度、效度，个人资料测试，MBTI 人格类型测验，诚信度测验，EQ 测验，问题解决方式测验和团队绩效测验，自我实现测验，灵活性测验。其中 EQ 测验，诚信度测验，个人资料测验，都是现今在职业场所中最有效而在国内又缺少全面介绍的测验方法。作者还解答了一些管理者和其他测验使用者关心的问题，诸如，测验的准确性如何？它可以告诉我关于我自己和我的雇员的哪些信息？本书也介绍了一些在我国尚待探讨的重要问题，如职业心理测评在美国使用的禁忌及有关的法律。

职业心理测验的常模、解释乃至测验的内容、题目都存在着跨文化的差异。也就是说，把西方的心理测验不经修改地翻译，而后用于中国人，这种做法是有问题的。可喜的是，本书还另外选择了一章介绍心理测评在大中华地区的发展和应用现状，值得读者细细咀嚼。

希望各层次的管理人员，有意为自己做出职业生涯规划的读者，心理测验的爱好者们都能从这本书中获益。

甘怡群
香港大学心理学系博士
执教于北京大学心理学系
2002.9

前　言

这本书酝酿已久。从我在康乃尔大学的本科时代开始，一直到密歇根大学的博士期间，我一直感到人们对于心理测评需要一种普及性的知识。然而在学术领域，除了高度技术性、枯燥乏味的工作以外，只有大量参考文献类的著作定期出版。时至今日，还没有人能提供一份简洁、明了的说明，向读者描述一个关于心理测评的令人满意的轮廓。

为什么会这样？过去，也许这样的书还没有必要面世。然而在今天，正如一个流行说法所揭示的：在新经济中，我们使每个人成了自己职业生涯的经理人。在新经济时代，工作安全感和按部就班升迁的概念，已经和打字机、胶木唱片一样变得过时了。不仅仅在美国是这样，越来越多的类似情况也出现在日本、中国和欧洲。许多管理学家已经宣称，个人工作与组织紧密相连的观念即将一去不复返，相应的福利待遇也将消失。的确如此，人们将在无数种工作中不断被聘用，这不再是传统意义上的工作状态——在固定时间全职坐班工作。那样的工作方式一去不

复返了。这是不是有些耸人听闻?

然而，事实已经摆在眼前。如果信息就是力量的话，那么获取关于自己的兴趣、能力、技能和潜力的知识就不再是更加重要的事情了。心理测评已经成为当前工作领域的关键环节。在新经济时代，那些忽视人格测验的人将发现自己处在竞争的极端劣势之中，如同现在的“电脑盲”和“电脑恐惧症患者”一样。因为，人格测验结果意味着你是否具备个人职业生涯的成功要素。

与过去截然不同，心理测评已经成为职业定位中的一个重要因素。从员工筛选和预选到管理层的发展和领导方式培训，甚至在正在出现的侨民安置领域，测评被全球大大小小的组织全面地采用着。因此，了解测评的设计和目的、优点和缺陷对于充满好奇的雇员来说，不再是什么智力上的奢侈和浪费，它对我们每个人都有重大的意义。

然而，很少有心理测验的专家能够跳出科研圈子，非常清楚地了解和把握这种需求。在过去的几年里，通过为法庭证词提供专业证明，我私下里发现了这个需求。让我深为震惊的是，不仅仅是绝大多数的陪审员，就是很多受过良好教育的律师和法官也不了解认知和个性测验最基本的特征。在法庭上，当我出示一些常用测验的结构、得分、使用指南和解释的时候，我可以从他们兴致勃勃的神情看出，他们是第一次沉浸在这些全新信息里，他们听得完全入了迷。

这些经验让我最终决定开始写这本书。我的目的就是为了说明在当今职场上被采用的大多数心理测验的最重要的特征，帮助读者了解心理测评这个火爆行业的概况。或许是当代社会一个不可避免的问题，心理测评同样受到了行政立法、合法性和法庭判决的影响，因此，在本书中还包括了关于心理测评和法律之间关系的最新资料。

我一再强调本书不可能面面俱到，只是对心理测评的科学理论研究和组织操作的总体状况提供了一个指南。目前，论及这个问题的流行文章、专业刊物和书籍呈几何级数递增，因此，为外行人准确地总结这个现象，而不单单为经理人或人力资源专家服务，已是当务之急。

总而言之，我希望强调的是人格测验，包括它们的数据和访谈资料在当今商业社会中是如何被实际应用的。象牙塔中不知所云的论战，往往加剧了论者在一个领域的诡辩，弄糊涂了那些真正有可能从中获益的人，好在我们的情况向好的方向转变了。

假如我能够为当今职场中的心理测评提供了一个明晰而又有意义的描述，那么我这本书的目的就达到了。

致　谢

没有友人的帮助，本书是不可能问世的。为了反映专业中的核心内容，酝酿多年，我写出了这本关于当代商业社会中心理测评的普及性著作。感谢出版经纪人的热情支持和编辑的鼓励，梦想终于成真。

衷心感谢张妙清教授，艾莲娜·艾斯汀，杰克·费，保罗·帕尼克，山姆·门纳姆博士，露丝·瑞伏司博士，K·迪安·斯坦顿和托德·曼恩博士，他们常常同我为书中某些问题进行长时间的讨论交流。密歇根州立大学的艾瑞克·弗里德曼教授为本书涉及心理测验的法律法规提供了大量有价值的资源。

请允许我向凯西·科尔贝博士，科尔贝公司的总裁，表示我的尊敬之情。是她的不断鼓励和与我长时间的交流，使得我可以抓住心理测量的主题。感谢中国的学术伙伴许金声博士和迈克尔·邦德博士，日本的学术伙伴 Ichiro Kishimi，Shoji Muramoto，Yoshikazu Ueda，他们拓宽了我的文化视野。

对于哈维·吉特林，琳达·乔伊斯，Kyung－mi Song 所

做的严谨的研究工作，我深表敬意和感激之情。最后，我感谢我的家人长期以来对我的鼓励和支持，使我最终能够完成这项工作。

第 1 章
当代心理测评的繁荣

心理测评已经活跃了一个多世纪，它主要在临床、教育和研究中受到重视，而且在这些领域依然会保持重要的地位。然而，目前出现了一种前所未有的现象，越来越多的劳动部门开始依靠心理测评来挑选和培训自己的雇员。

在这样的一个行业中，培养训练有素的专业人才的费用变得越来越高，为了有效地投资，公司更加关心应聘者的心理素质。经理们都想避免这样的情况：在花费了数月时间后发现，自己雇用的新手貌似强干，实际上却缺乏成功所需要的合适品质。雇错了人确实是一个代价巨大的错误。

《纽约时报》上一篇文章报道，一位在该领域非常活跃的组织心理学家最近提到："我为银行做员工预选工作，对象是那些目标年薪为 20,000 美元的应聘者——为什么不为那些同样花了上百万美元寻找自己长期固定员工的公司做同样的事情呢?"

某种程度上，下述事情在不久前还被认为是不可思议的：那些申请工作的人必须参加一个详细的认知测验，这些测验用来了解他们的学习倾向，以及他们用所学的知识适应新环境的能力。但是现在它变成了现实。还不止这

些，绝大多数申请人要参加人格测验，目的是为了测定他们的责任心，愤怒倾向，调节压力的能力，服从性，职业兴趣以及对待同事、客户和公众的态度。

在应用这些测验时，熟悉这一特殊领域的心理学家要求应聘者针对问题回答“是”或“否”，比如“我想我喜欢服装设计师的工作”，“有时候，我想打碎什么东西”，或者“不应该让女人进入鸡尾酒酒吧”等。在一些测试人格因素（如攻击性、竞争性等）广泛应用并且非常有名的测验中，如16种人格因素测验，或者是某行业的主要大公司自己研究出来的测验，能否做出合适的回答对于应聘者非常关键。雇主让每个人填写问卷，得到用来分析和评估应聘者的数据，不同的评估结果意味着你是否被聘用。当然，对于这些测验结果，求职者是没有机会来申述的。

尽管测验的指导语总是一些让人放松镇定的说明，告诉被试者不要在意自己回答地对错与否，但是和认知测验的项目一样，人格测验答案也是有正确与错误之分的。在员工筛选中，应聘者人格测验的失败只会导致一个结果：失去工作机会。在所有采用这种方法的组织中，这是非常普遍的实情。

应聘者自己是如何看待这个过程的呢？和所预期的一样，在采取心理测验招聘的程序中，一些人会小声地发牢骚，做些嘲讽的评价。与大多数人所设想的不同，拒绝参加心理测验和试探性访谈的应聘者不在少数，那么这些人还可能被雇用吗？毕竟，各行各业的公司不是还有其他与业绩更为密切的指标来决定自己的选择吗？

但是，从目前趋势来看，答案是否定的。管理者发现，测验具有非常大的实用价值，特别是在开发员工灵敏性上，几乎没有其他可以替代的方法。随着在团队建设、压力管理以及其他组织性工作中越来越多地采用心理咨询，一旦申请人已经接受它，想返回前测验时代就是不可能的了。

简而言之，心理测评已经是大行其道。现在请接受它吧，你并不知道国家橄榄球联盟也已经完全痴迷于这种曾一度被认为是不可思议的科学领域，是吗？

心理测评在当今职场上非常盛行。虽然年度调查报告指出，所有的使用显示，年复一年的变化也许只部分地依赖于经济因素，但目前有证据表明，大约 1/3 到超过半数之间的主要大公司都依靠心理测验，特别是进行雇员预选、员工发展、团队建设和领导管理培训等等时。而且人格测验已经在保险、执法等部门中使用了 80 多年，并且这一范围在迅速地扩展。在所有的层面上，越来越多的工作者有可能在自己职业生涯的某些阶段中面对心理测评，也许是一些关键阶段。那么，为什么会发生这样的情况？

第一，心理测评自身有了很大幅度的发展。伴随着先进计算机技术的发展，数学计算工具取得了重大突破，使得心理数据统计能力大大超过了从前。结果，我们可以更加准确地区分那些最合适与最不合适的，以及处于他们中间的求职者。

第二，这些测评在理论上得到了升华。回顾一下近一个世纪来西格蒙德·弗洛伊德（Sigmund Freud）对心理学的影响，很多人格测量脱胎于人类发展理论。如今，这些概念就像磁带录音机和计算尺一般过于陈旧。受弗洛伊德主义的婴儿性欲的观念影响，那些测量的题目主要是探寻身体功能、冲动，乱伦幻想和潜伏的儿童期冲突。

50年代开始的小黑图测验（Blacky tests）是声名最为狼藉的测验之一。它完全建立在弗洛伊德的观念之上，要求被试者对一些狗的图片做出反应，这些狗处在不同的情境之中，如争吵、紧张，或与自己狗家族的伙伴处在性饥渴等状态。据推测，被试者根据这些非理性的、奇怪的图片叙述的故事有可能揭示了他们自己在人格上的某些特征。许多临床中广泛使用的问卷，如罗夏墨迹测验和明尼苏达多重人格问卷也是同样植根于弗洛伊德理论，其目标就是发现被试者潜在的紧张情绪。

毫不奇怪，这些测验对于雇主帮助不大，他们关心更多实际问题：哪一个应聘者或雇员会偷窃或者侵吞公物，会经常迟到或请病假，敢于直接批评或公开地顶撞上司？相反，这些测试工具对于确认最好的工人——与他们的同事相比，他们将来在组织中可以擢升到管理行政层中的主管、经理、行政职位——提供的帮助却极其有限。

20世纪70年代晚期，许多研究者怀疑心理测评是否可以真正地帮助公司去雇用和擢升雇员。测谎仪的使用并非巧合，它比罗夏墨迹测验和小黑图测验为职场提供了一种更科学的方法。但是，近年来情况发生了戏剧性转变，在下面的第2、3章中我们可以看到，人格领域测验的实用性在逐步稳健地积累起来。

第三，当前心理测评的重要特征是计算机的出现，它可以帮助计算分数，甚至帮助管理，而且用户界面越来越友好。通过与互联网相连的计算机，应聘者在完成他的认知或人格题目几秒钟后，答案就被制成表格，计算出得分，然后一份详尽的结果就可以打印给面试人。输出结果完全是根据应聘者对不同问题的反馈，如计算问题、阅读理解，对于拳击或隐瞒所得税的态度等，输出结果还可以给出一些特定的建议：录用，不录用，考虑录用。

在这个基础上，面试官就可以在复杂的招聘过程中，迅速地决定是否可以进行下一步计划：邀请应聘者到办公室进行更为详尽的面谈和关于工作问题的讨论；或者委婉地拒绝，"谢谢您今天对鄙公司的拜访，我们将很快和您联系。"

某种程度上来说，在不久的将来，这样的场面将不再是令人难以置信的：通过电话或传真的按键，电子化的心理筛选可以在应聘者的家里进行。比如说，《华尔街日报》最近详细报道了佛罗里达一家心理公司采用的完全基于电话的诚实度测验。这大概可以代表将来的发展趋势：应聘不同公司的申请人事先预约时间，利用对方付费电话在家里参加评估自己性格特征的测验，应聘者被要求很快地对预先录制的问题做出"是"或"不是"的回答。例如，一

个应聘者可能只有5秒钟时间按1（YES）或者2（NO）键去回答这样的问题。“某个雇员将一件小物品带回家，如钉书机，他应该被解雇吗?”“如果你在街上捡到一个钱包，你会尽力地找到失主吗?”“在工作中，我有过要痛殴上司的冲动。”正如这家公司的首席心理学家揶揄道：“我们不愿寻找那些花时间考虑之后才回答这些问题的人。”

第四，在我们这个日益技术化的快节奏社会中，在缺乏其他有效的资料的情况下，商人发现自己被迫需要依靠心理测评。举例来说，由于雇主害怕因提供的推荐或评价不实而受到起诉，他们不愿意为自己过去或眼下的雇员做担保或推荐，这已经成为了一个惯例。企业同样也担心心怀不满的雇员起诉企业对自己的评估是诽谤。与以往相比，如今公司更加需要应聘者的才能、技能、性格缺点和潜力的有关信息，仅仅通过企业自身已经不够了。

在过去，雇主很乐意能够从推荐信中得到关于应聘者的可靠性、勤奋、鲁莽程度、可信任度等方面的品质特征。如今，这样的推荐信不再有了。美国国会1988年通过的《雇员测谎仪保护法案》（EPPA）同样让雇主失去了有关许多员工的有用的心理信息资源，特别是关于隐私部分的信息，使用测谎仪是被严格禁止的。基于上述原因，今天在做出正确的录用决定时，通过个体测评，一点一滴收集的信息非常重要，甚至是关键。

最后，人格测验已经被证明在关键的管理和领导培训中是有帮助的。虽然这样的测验在这个领域还没有被广泛地应用，完善程度也不如聘用预选等方面，但是随着要求这样工具的企业的不断增加，原有的局面会很快发生变化。如今，在一些强调人员稳定性的企业，尤其是在高科技和相关领域，无论是在美国，还是在欧洲和亚洲，领导管理的培训成为这些公司一个非常重要的方面。为了最大限度发挥它的效力，许多公司采用标准化的人格测验。

迈－布二氏类型指标，简称 MBTI（见第 7 章），是近年来非常流行的测验，特别是在管理培训、团队建设方面。这个测验是根据半个多世纪前荣格的理论设计的，如今发行它的出版社每年单这一项测验的销售额就近 3,500,000 美元。仅目前心理测评业的经济规模就足以表明商业和政府组织对心理测评的重视程度。一句话，心理测评物有所值，特别是在甄选高潜力的员工方面。

当然，绝大多数行政和高级管理层知道这些测评的结果并非绝对正确，但是依赖统计原则和概率判断非常重要。在某些特定的工作领域中，如员工的生产或偷窃行为，我们可以直接计算可见的经济利益损失，与心理测评的费用相比较，看看是否合算。举例来说，总部在西雅图的诺德斯特洛姆（Nordstrom，Inc.）百货连锁商店曾经采用过瑞德问卷（Reid Survey）来挑选雇员。这是一项著名的员工筛选问卷，主要是关于暴力倾向、药物使用和诚实度的调查。这个笔试测验大约只需要 15 分钟时间就能完成，然后通过扫描仪录入数据，很快会得出一个结果。最近，该公司在一家百货商店进行了一次近 400 名应聘者的

测验，按照瑞德问卷调查结果，其中大约有100名不及格人员也被录用。3个月后，测验不及格而被录用人员中离职人数是测验及格人员的两倍。

经理和行政人员也清楚心理测评可以带来很多间接的效益，如减少由于员工的欺诈、能力不足和潜在的暴力倾向等所可能导致的诉讼。因此，越来越多的认知和人格测验在各种类型的职位招聘中被采用，并且在从团队建设到行政发展的各方面受到高度评价。

简而言之，国家橄榄球联盟在心理测评的浪潮中占有一席之地已经不足为奇了。伴随着心理测评在理论和方法上的发展成熟，在通过测评所采集的数据的基础上，甚至可以预测组织效率和效益。比如说，现在有足够的证据资料显示，将情绪类型或解决问题风格的属于兼容型的人组织在一起，可以提高团队的协同工作。相反，仅仅是人员混合而组成的团队从一开始就注定没有效率并最终会走向失败。

这是否意味着这样的时代即将到来：根据运动员的人格测验数据，我们可以预测全国橄榄球联赛的冠军，玫瑰杯和下次赢得世界棒球联赛冠军的队伍？也许如此。基于这样的想法，如果你知道任何人正计划成为一个职业足球运动员，或者是任何行业的专业人士，如银行、保险、投资、酒店管理、零售、批发、机械制造、运输，或者其他正在成长中的行业，如服务和医护，如果他们了解心理测评的全部内容，肯定会从中受益。

第2章

什么是人格

“你的人格健全”是句人们乐于听到的赞扬，它令人整天心情愉快。但它的真实含义到底是什么？如果一个新同事“人格有问题”，这又意味着什么？我们是否需要担心？人的人格究竟从何而来？是什么造成了人与人之间，甚至亲密的家庭成员之间性情上的巨大差异？

孩子是从什么年龄开始表现出与众不同的人格特征的？男人和女人是否在爱情与性或诚实及成就方面具有不同的特质？此外，我们是否有能力改变或改善自己的人格，或者这只是一厢情愿的想法？

100多年来，这些有趣的问题一直困扰着人格研究界。具体说就是，有一种独特而持久的动机和需求、态度和行为趋向等组成的人格使我们异于他人。对这一点，学术界没有什么不同看法。但是什么形成、保持或改变了人格这一问题，却是长期争论的焦点。幸运的是，随着生理心理学和发展心理学的发展，我们正逐步接近真实答案。

半个多世纪以来，西格蒙德·弗洛伊德一直是人格方面精神疗法和通俗疗法的主导人物。从20世纪初出版《梦的解析》到1938年（原文如此，疑为笔误，弗洛伊德逝世于1939年——编者注）以高龄去世后的很长时间里，

他的影响无人可及。虽然最初在维也纳大学接受的是生理学方面的培训（他事业的早期成就是对电鳗的生殖腺研究），弗洛伊德却成为最早较全面地探索人类人格的临床和学术专家之一。他几乎完全依靠病人的治疗案例所提供的点滴资料创立了一门影响巨大的学说——精神分析学。

早在19世纪90年代，弗洛伊德就深信，所有的孩子都会对父母产生性方面的感觉（他称之为婴儿性欲）；并且他坚信，这种感觉会以何种方式得到解决将影响我们一生的人格形成。弗洛伊德特别强调母亲在这一过程中的重要作用——通过哺乳、洗澡、换尿布以及爱抚等生理接触，母亲可以决定她们的孩子有多安全/或不安全（也就是神经症）。而对父亲或兄弟姐妹、亲戚、同辈、学校以及其他社会因素对性格发展的影响，弗洛伊德几乎只字未提。

从1902年至1912年的大约10年里，弗洛伊德事业上的两个重要伙伴是维也纳医生阿尔弗雷德·阿德勒（Alfred Adler）和瑞士精神病学家卡尔·荣格（Carl Jung）。两人都比弗洛伊德年轻，但一样才华横溢、魅力十足。但他们最终还是与弗洛伊德分道扬镳了，因为后者拒绝放弃其婴儿性欲对人格有重大影响的主张。在他们两人看来，弗洛伊德在人的精神这一问题上的确带给世人很多真知灼见，例如潜意识、感情的存在、记忆、动机等概念。但他们认为弗氏所持的每个孩子都会感受到父母所引导的性欲的观点纯属无稽之谈。因此，先是阿德勒在1911年，然后荣格于次年断绝了与弗洛伊德的一切关系，开始开创他们自己的心理学理论和治疗学派。

阿德勒建立的是个人心理学学说，其重要特征是他独创的一些重要概念，例如自卑情结、被宠坏的孩子、手足间的竞争以及成人生活方式等。阿德勒性格开朗、精力充沛且口才过人，他积极乐观的学说在应用领域拥有众多支持者。与他后来深为反感、愤世嫉俗又远离大众的弗洛伊德不同，阿德勒认为洞察和理解人的心理有助于改善学校、家庭以及工作环境，甚至消除战争与贫穷。

个体心理学认为对儿童的引导、对父母的培训以及对教师的教育是美好社会的三大支柱。这一学说在 20 世纪 20、30 年代影响最盛，尤其是在西欧以及后来阿德勒移居直至 1937 去世的美国。

有意思的是，像他的对手弗洛伊德一样，阿德勒主要是位临床医生。他对量化的人格研究不感兴趣，对测评发展的研究兴趣就更淡了。不过，阿德勒的个体心理学仍然创造了许多有用的理论和治疗技术，并一直到今天还有着虽然微小但却积极的国际影响。

卡尔·荣格是一名基督教牧师的儿子。与阿德勒相比，他与弗洛伊德的关系要更密切（两人曾于 1909 年一起应邀作为访问学者来到美国克拉克大学）。在他持续至 1961 年去世的国际性事业中，荣格在发展他的性格观点时深受神话学和神话传说、比较宗教，甚至是神秘主义的影响。他认为精神上的情感和需要是人性的基础，但他同样看重

试验设计。

荣格设计出最早有效的人格测试法之一：“词语联想测验”。(“如果我说‘母亲’，首先出现在你脑中的词是什么？如果我说‘父亲’呢?”) 后来，他的理论及其本人的鼓励促成了迈-布二氏类型指标的产生，对此我们将在第7章作详细讨论。具有讽刺意味的是，虽然荣格的很多主张因其精神论观点被美国心理学者们认为过于感性而长期遭到排斥，迈-布二氏类型指标却使荣格成为将人格理论应用到工作环境中的一个重要人物。

虽然彼此的概念差别很大，但弗洛伊德、阿德勒和荣格一致认为人的性格到6岁左右形成，此后很难改变；而且人的人格几乎完全受父母，尤其是母亲的影响。这种观点被称为精神动力说，涉及的是人们情绪上有活力的或可变的特质。

长期以来，精神动力说在精神病学、心理治疗、咨询、社会工作、儿童教育，甚至文化人类学和犯罪学等领域占据主导地位。有一个人对精神动力说在美国儿童教育界产生巨大影响做出了重要贡献，他就是儿科医生本杰明·斯波克（Benjamin Spock)。他的《婴幼儿护理》一书于1941年首次出版，出版后立即受到大众好评，获得了巨大成功；在60年代更是成为千百万父母的育儿圣经。许多书对此竞相模仿，在星期日报和电视广播（airwaves）上大肆宣扬。《婴幼儿护理》被译成几十种文字，它以一种简单而有说服力的方式阐述了精神动力观点：我们成年后的性格几乎完全取决于小时候父母是如何对待我们的。

上述学说被后人称为弗洛伊德学说。它或许对美国文化有很大影响，但在学术心理学界却从未如此；学术心理学界所受的巨大影响来自约翰·华生（John B. Watson）创立的行为主义学派。华生最初任职于芝加哥大学，1908年转至约翰·霍普金斯大学，一直致力于动物反射行为的研究，他已经超越了他的俄罗斯同行，神经学家伊凡·巴甫洛夫（Ivan Pavlov）。华生先后研究了老鼠习走迷宫的能力，恒河猴的模仿行为以及佛罗里达燕鸥识别归途的机制。1913年，他发起了自称“行为主义”的运动。在一份学术界广为人知的“宣言”中，华生呼吁创建一门完全基于严格而客观的实验方法的新心理学。

两年后，华生开始了一项长期的儿童发展研究。他在华盛顿市的一家医院建立了一间特殊观察室，用以研究母亲们和她们的新生儿如何进行交流。在这项具有重大影响的研究中，华生宣称婴儿的条件反射与巴甫洛夫的狗其实没有什么不同。例如，将一只兔子放近婴儿，使它突然发出巨响，可以很容易地吓住婴儿。后来，华生成功地宣布，当由远及近慢慢地移动这只兔子时，这种更为温和的情景也可以逆转先前的现象。这些结果表明，一种新的精神治疗方式是可行的。

多年来，华生在学术心理学中拥有众多的专业追随者。简而言之，他的观点认为，个人的人格几乎完全是条件刺激反应的产物：正面强化（奖励）和负面强化（惩

戒）。从这点看来，像白鼠和鸟一样，人格塑造过程极易受到外界行为方式的影响。华生进一步解释说，除了对饥渴的简单的生理反应外，人没有其他内在的人格特质：所有从害羞到开朗，从对音乐的敏感到对语言的驾驭，都源于外在条件的影响。

由于科学的发展，华生的上述观点在今天看来还不如弗洛伊德的精神分析学说在理论上更站得住脚，但它在过去的几十年当中却得到学术界的普遍支持。在许多著名大学的科系里，条件反射成了心理研究的基石。事实上，直到 20 世纪 90 年代生理心理学逐渐兴起之后，这一由华生首创，后经克拉克·赫尔（Clark Hull）和斯金纳（B. F. Skinner）等人发展的行为主义学派才最终宣告失败。

华生的学术生涯终止于他在约翰·霍普金斯大学的一段性丑闻，但不久他就很机巧地转行就职于纽约的 J·沃尔特·汤普森广告公司。由于他成功而富于创造性的营销策略，华生很快升至公司的管理层。在 20 世纪 20 年代，大众广告还是一项新兴事物时，华生就已经向热忱的公司经理们传授：人们购买产品是为了满足心理上的而不是功能上的需要。

尽管在广告界享有财富和地位，华生却感到孤立，苦于无法与公司同事进行学术上的交流，于是他不断写书。1924 年，他出版了著名的《行为主义》一书。在书中，他自信地写道：“给我 12 个健康的婴儿，还有一个我所要求的环境。我保证，从这些婴儿中随便挑出一个，我都可以把他/她培养成事先确定的任何一种类型的专业人才：医生、律师、艺术家、商人，对，甚至是乞丐和小偷。”

华生最畅销的《婴幼儿心理培养》一书于1928年问世。他俏皮地把这本书献给“第一个抚养出幸福孩子的母亲”。华生认为父母在塑造孩子性格方面的能力是无穷的，而最重要的是，他们懂得如何正确配合使用奖励和惩罚这两种手段。虽然行为主义学说由于大萧条时代的冲击而迅速从公众视野中消失，但那以后的几十年中，它仍在影响着学术心理学界。不过，有的时候，心理学101课程将行为主义学说误解或简单化了。比如，美国主要的行为主义学家斯金纳在他晚年曾私下对我说，他从未真的相信人没有更高层次的价值、需求以及目标等；他只是认为这些东西来自早期的条件刺激，并且像对食物和水的渴望一样，受制于强化因素。

第三种主要人格学说由动机论学者亚伯拉罕·马斯洛(Abraham Maslow)创立。马斯洛出生于纽约布鲁克林，在威斯康星大学学习了弗洛伊德学说和行为主义学说；在1935年取得实验心理学方面的博士学位后，他回到纽约。此后几年，他一边在布鲁克林学院从事教学与研究工作，一边非正式地求学于阿德勒。

在某年夏天实地考察了美洲的黑足土著部落后，马斯洛开始表述自己的人格理论。他认为精神动力说和行为主义学说的观点并不完全正确，但更重要的是，他认为人都具有基于生理“核心”的需求、目标、价值观、满足和挫

折感等特质。

在于1938年向社会科学研究委员会提交的未经发表的实地考察报告中，马斯洛这样写道："人在出生后进入社会时，看起来并不是一块社会可以随意摆弄的黏土，而是一种社会只能加以影响和改造的结构……我现在对'基础的'或'自然的'人格结构这一概念感到困惑。"

这以后的5年里，马斯洛发展了现在广为人知的需求层次理论，在全球范围内被广泛应用于管理、营销及心理咨询等领域。这一理论认为，尽管文化背景不同，但人们对安全、归属、尊重、爱和自我实现等目标的需求却没有不同，并且这种需求是分级存在的。随着他里程碑式的著作《动机与人格》一书于1954年的出版，已任职于布兰代斯大学的马斯洛逐渐在新兴的管理理论和组织发展领域取得了不可动摇的大师级地位。

直到1970年去世，马斯洛一直给很多创新型企业及政府部门授课和咨询。他强调，在当今社会的现实工作环境中，实现更高层次、更有创造力的需求对男人和女人同样重要。马斯洛也提倡性格测验，这反应了他早期事业的兴趣所在。他这些影响深远的学说（本书第11章将做重点讨论）因其注重人的独特动机和目标而具有人本主义色彩。

生理心理学

马斯洛及其追随者们所大为宣扬的人本主义观点成为第四种，也是最新一代人格学说的理论基础，这就是生理心理学。该学说深深扎根于生理学和基因学，它所掌握的大量确凿证据表明，我们的情绪构成——力量、弱点，甚至个人价值和态度——主要是由生理力量形成的。在这一点上，生理心理学不仅反对弗洛伊德学派关于父母，尤其母亲决定性地影响着孩子一生性格的观点，而且也反对行为主义学说的“婴儿白纸论”。自 20 多年前纽约大学的斯特拉·托马斯（Stella Thomas）和罗伯特·切斯（Robert Chess）进行这方面的实践研究起，理论界就开始形成一种共识：稳定的成人性格中至少一半以上的部分与一种被称为气质的天生因素有关。

对气质的研究虽然才刚起步，但我们已经知道人在性格上的差异是早在出生之前就明确存在的了。新生儿已经开始在情绪反应、强度、质量，探索性行为，“兴奋”状态，适应性和社会性等方面表现出很大差异。过去 10 多年的纵向研究观察表明，这种气质上的差异有着很高的预测价值。

例如，适应力不强的婴儿长大后容易焦虑，而乐于寻求外在刺激——如声和光等——的婴儿长大后容易感到无

聊，因而需要不断寻找生活中的新事物。现在，从幼儿园和小学低年级起，人们就开始测量一个人的自信、成就动机和作为企业家的冒险精神等性格特征以及人际交往等素质，生理心理学家称之为“内向性－外向性”。虽然现有证据还不够充分，但越来越多的观点认为上述特征受到生理和遗传两方面的影响。

在生理心理学的众多创新者当中，比较突出的是华盛顿大学医学院的罗伯特·克隆尼格博士（Dr. Robert Cloninger)。与前面众人侧重于婴幼儿研究不同的是，克隆尼格博士花了近15年时间确认成人性格中的生物基础决定因素。他的理论包括7个不同的维度，对了解正常人的行为反应以及那些被诊断为精神失常者的状况很有帮助。其中，4个维度属于气质方面（1. 避害，2. 求新，3. 求回报，4. 坚忍)，3个属于人格方面（5. 自我引导，6. 合作，7. 自我超越)。气质主要与较低层次的、受遗传影响的生理因素有关，而人格则涉及较高层次的、受社会环境影响和从后天学习获得的认知过程及态度、价值观等。克隆尼格博士坚信他的这种观点有助于以新的方式了解人们在日常生活中的显著的行为差异。

为了证明这一点，克隆尼格博士后来与同事一起研究出一种性格测试问卷：气质和性格问卷（TCI)。自1994年由华盛顿大学个性生理心理学研究中心出版后，TCI在全球范围内被广泛应用于临床和研究。它共有125个项目，包括上述7个主要人格测试和25个次级测试等。

虽然 TCI 主要用于心理诊断分析，它在工作环境中的应用同样具有很大潜力。特别是它的几个次级测试：怯生与爱交际、无序与管理、冲动与慎行、同情与公正等，与人们的工作表现有着极为密切的联系。

在生理心理学这一学科里，是否真有自私和利他、羞怯和开朗等基因存在？性导向和性驱动的基因又如何？从现有生理心理学研究的结果看来，答案显然是否定的。不管星期日报纸如何宣扬，至少遗传学还没有这方面的依据。克隆尼格博士等人最近倒是认为，遗传对人格的影响包含了许多不同基因的叠加或累积效果，它们彼此相互作用，同时也与社会环境——包括父母、兄弟姐妹、同辈、老师、大众媒介等——相互作用。这些关系非常复杂，人们目前还没有很好地了解。

我们的人格会变吗?

人格变化这一概念对咨询、心理治疗、执行训练以及管理和领导能力培训等应用领域非常重要。有许多关于性格变化的理论，它们都一致认为成长、再教育和成人的学习是可能改变性格的。这一观点最近得到心理学方面的证实，因为对强迫性失调的心理疗法被证明可以给人的大脑带来明显而持久的变化，对创伤后的压力紊乱状态进行的心理治疗也显示出类似的、可测量的生理好转。

不过，心理学家也承认，随着我们年龄的增长，改变人格就越发困难了；而当人格真的发生变化时，大多数时候这只是一种变迁，我们的内在“核心”并没有发生巨大改变。所以，心理学的应用主要是帮助个人更好地实现他/她自己，而不是试图彻底取代。

所以，如果你基本上是个害羞和内向的人，管理培训课程就不大可能将你转变成一个乐于领导工作小组的人，而是帮助你更好地了解性格外向的人以及认清你在与他人交往时的风格。同样地，教授“情绪智力”和社交技巧的目的是了解雇员们特定的、与工作有关的行为以及寻找改善它们的办法，而不是为了达到性格的彻底改变。

有趣的是，这一观点也得到了心理测量学（也即心理测验）的支持。也就是说，当人的人格测验分值随着时间发生某种程度的变化时，许多心理测量学家把这种变化主要归因于测验方法的可信度，而不是认为这个人的性格真的发生了改变。令人惊讶的是，有一种一致的观点认为，人的性格在青春期的后期就永远“定型”了，此后的一生中它只会有非常微小的变化，除非有外力的干预——而且我们越长大，就越难改变——每个人都会保持他或她的内在自我。

不久以前，许多学者还认为重大人生事件会对性格带来重要影响。不过，相反的证据出现后，新观点认为：无论何时，当我们经历一件重要事情时（比如结婚或离婚、重要提升或突然失业、长途搬迁以及婴儿诞生等），其实是与我们基本的性格在调和的一件事件。这些事件对每个人的影响绝不相同。

比如，设想一列火车脱轨，许多人严重受伤的重大事故。第一个人可能会因为受伤而且觉得自己是受害者，并进而认为人生是不可预知的、危险的；第二个经受同样事件的人可能只会感到小小的不便；而第三个人则可能会与护理人员交谈，结果建立了一种密切的关系。

所以总的来说，一个普遍认同的观点是，人的性格在一生中基本上保持稳定，不会有大的改变。实际上，许多哲学家认为，人害怕改变胜过生活中的其他事情；而在咨询和心理治疗等专业领域内，这种所谓的拒绝在 100 多年前就被观察到了。

那么，哪一种人格特质最难改变呢？它既不是我们的诚实度、可靠性、情绪开放度，也不是我们的雄心壮志，虽然这些不会每天变来变去。最新研究表明，最难改变的是外向性或说社交性，这可以从我们自己的经验中得到逻辑证明：一个真正外向的人或许可以强迫自己一个人在家工作一天，读读公司文件什么的，但他绝不会喜欢这种独处。同样地，一个性格内向的人可以被说服去主持一个热闹的销售会议，但她会很不开心，一有机会她就愿意独自呆着。

对于外向性而言，此种现象甚至比其他一些确定的性格特质表现地更严重，似乎一旦外在压力去除后，人就回复到他们真正的自己。这或许是件好事，至少，人们“坚

持自己的方式”是种国际性的事实。不管是有抱负的、正直的、有条理的、外向的、诚实的、温和的、爱冒险的，或者都不是，说到底，我们就是我们自己。科学的性格研究里有许多问题还没有答案，不过这个问题的答案却很清楚。

第3章 工作环境中的心理测评的发展简史

依靠心理测评进行员工招聘和提升或许只是近年才繁荣起来，但心理测验作为一门科学领域已有 100 多年的历史了。心理测量专业以外的人都不太熟悉它。不过，了解这门学科的重要历史，哪怕只作全景式的浏览，也可以帮助我们更清楚地认识其发展现状。

心理测量学可以追溯到英国著名的弗兰西斯·高尔顿爵士（Sir Francis Galton），1884 年，他借助字典来说明人的性格是由一些可以群分的特质组成的。比如，高兴、快乐、喜悦、欢愉等词语表达了一种乐于与人交往的情绪；而悲伤、沮丧、忧郁、哀愁等词语讲述的则是另一种不同心情。不过，高尔顿的研究主要是理论上的，对实际工作影响不大。

直到卡内基理工学院于 1915 年设立应用心理学系，并于第二年又成立推销术研究所，人格研究才首次开始得到实际应用。此时，心理学已经度过启蒙阶段，在试验和统计两方面都取得了生机勃勃的发展。成立推销术研究所的目的是为了用人格测验科学地挑选合格者。同样是在 1916 年，美国警方首次将心理测评用到警员招募中。和其他行业相比，或许执法部门更依赖这种方式来识别候选人

合格与否。毕竟，一个头脑发热的、冲动的推销员丢掉的只是一笔利润可观的生意，而一个脾气暴躁的警察却可能伤害一条生命。正如最近的报纸头条所揭示的，准确找出这种潜在不称职的人始终是至关重要的社会问题。

美国参加第一次世界大战加速了心理测评的发展，因为军方需要迅速有效的方法来广招新兵。这些方法侧重于智力方面，是同类型测验中最早帮助进行人员筛选的。在两位主要研究者，约翰·奥第斯（John Otis）和罗伯特·耶基斯（Robert Yerkes）的努力下，成千上万名新兵接受了军队阿尔法（主要测试工具）和军队贝塔（针对文盲和母语非英语者的非口头）的测验。

不过，很难说有多少最后决定是完全取决于测试结果的，因为个人对测验企业的支持及对用于招聘和筛选的测验结果的依赖程度有很大不同。但奥第斯和耶基斯及其同事收集到的大量数据还是提高了人们将智力测验用于私营企业择员的兴趣。

除了针对一般智力人员的小组测验外，美国军方在一战中还进行了一系列所谓的职业测验以评估某些专门工作所需的知识和技能。这些测验将被试者按工作熟练程度分成四类：(1) 新手，(2) 见习者，(3) 有经验者，(4) 专家。而测验本身也被分成三类：(1) 文字测验，(2) 图片测验，(二者都需要使用笔纸来测验有关知识)，(3) 操作测验（手工操作机器）。

或许更为重要的是，美国卷入一战促成了第一种标准化的人格测验的诞生，这就是伍德沃斯个人数据表（又名伍德沃斯情绪稳定性测验）。在战时，该表主要用于对所招募新兵的额外的精神评价——那些最可能在战斗中垮掉的新兵就不适合从军。

一战结束后，美国人事类别委员会于1919年与美国准将办公室合作，建立起一个收集人格数据的计划，以帮助决定官员的假期。被考核者的品行和才干，如领导能力和忠诚度等的评价都被记录在案，用以进行决策。

虽然人格测验在一战中主要用于判断新兵的精神状态是否适于作战，但人们对其预测工作能力的兴趣也不断增加。比如，战争快结束时，由军方和推销术研究所共同推出的人格评估等级量表法，已被几家人事咨询公司用做事业能否成功的预测了。

不过，大多数研究者都认为现有有关性格测试的理论和方法太过原始，还不足以研制成真正实用有效的测试法。正如耶基斯在1920年所指出的："简单而有效的测试法尚未出现。不过很显然，性格因素在就业和就业指导中的作用与智力因素同样重要。"耶基斯及其同事尤其关注成见效应造成的问题。比如，一个人缘好的雇员在工作表现方面通常会得到上司的高度赞扬，即使这些工作表现与被测量的性格特质（如关注细节和可靠性等）毫无关系。这种类型的错误在学校里更为突出。比如，老师经常会给他们喜爱的学生高分，特别是在一些主观性很强的作业如作文上。

在20世纪20年代及30年代初，理论界的研究重点放在改进人格测验方法上，这导致了几种新的纸笔测试法被引入工作环境中。这些旨在测量特定性格因素的新方法包括高顿·阿尔波特（Gorden Allport）的支配－服从测验（衡量自尊和支配）和本罗依特人格问卷（Bernreuter Personality Inventory）。后者是一种综合性的测试法，它的6个量表吸收了前人设计的一些量表中的项目，包括阿尔波特测试法的一些内容。

本罗依特人格问卷对评估推销员和护理专业的学生以及工厂主管等人士的工作表现特别有用。不过有趣的是，经理们沮丧地发现，这一方法不能帮他们找出最好或最差的雇员。所以，研究者们呼吁，在作聘用决定时不要过于依赖心理测验的结果。

40年代起，明尼苏达多重人格问卷（MMPI）开始成为一种主要的人格测验法，而且此后的数十年里一直保持这种无可争议的领先地位。该量表有500多个问题和一系列子量表，包括其独创的、用以判断求职者是否夸大了人格优点的“谎言量表”。康奈尔科学指数在二战时则起到类似伍德沃斯个人数据表的作用，可以用来找出精神状态不稳定的新兵。

用于工作环境中的人格测验在这一阶段也得到稳定发展。比如，寿险推销研究致力于研究与工作表现有关的某些性格特征；这些特征，比如自信等，通常要结合个人的成长经历来进行观察。在另一组研究中，该研究所则试图找出与成功的销售技巧紧密相连的一些人格特征。另一方面，西尔斯公司于 40 年代聘请心理学家罗伯特·萧斯通(Robert Thustone) 设计用于选择公司管理层的方法，其结果产生了包括吉尔福特－马丁人格测量表（1949 年更新为吉尔福特－齐默曼气质调查表）以及能力和兴趣测试等在内的一些测试法。希尔斯公司用这些人格测验法筛选了 1 万多名求职者。

另一位重要的性格测验研究者是后来成为动机心理学开拓者的亚伯拉罕·马斯洛。30 年代末及 40 年代，马斯洛设计出社会人格问卷及安全－不安全测验表，用来测量诸如自尊、支配和适应性等因素。像其他大多数测验一样，这些方法也主要用于临床和理论研究，而不是应用到商业领域。不过，马斯洛一直很想把心理学研究成果应用于工业领域，他于 40 年代首次在他兄弟的公司进行了这种尝试。

美国参加二战加速了标准化心理测评的发展。许多著名心理学家以及那些在战后出名的学者，在二战中紧密合作以帮助打败纳粹德国。他们设计出能力测试法以挑选和划分为海、陆、空军及战略服务办公室（OSS）服务的人员。心理测评这一领域从未像二战时这样灵活转换于职业分析、创造能力测试设计、信度测试和效度评估以及程序改进等方面。所以，测试的方法及应用在这一时期得到飞速发展也就不足为奇。

二战无疑是心理测评合理应用于工作环境的分水岭，

其应用价值得到公司经理和执行官们的肯定；调查还显示，到50年代中期，有近2/3的大公司使用性格和兴趣测试来选择雇员。不过，学术界还是提醒人们对这些测试法保持审慎态度，因为这些应公司之需而大量产生的测试法不免令人怀疑其信度和效度。它们虽然满足了公司的需求，但却缺乏理论基础。同样，大学研究人员也表达了对将MMPI等测试法用在预测雇员工作表现和成就上，而不是情绪稳定性上的可靠性等问题的关注。心理学家主要认为，还没有足够的科学数据来证明心理测评应用上的这种飞跃的公正性。正如两位著名的心理学家在1965年指出的那样："最多也只能说，在某种情况下，为了某些目的，某些人格测验可以帮助预测。"

林登·约翰逊总统倡导的"伟大社会"立法运动使人格测验在雇员选择方面的应用获得空前发展。但很快，人们开始猛烈抨击这些测试法，认为它们存在着种族和民族歧视，是不公正、不可靠的。正如本书下一章要重点讲到的，1964年《人权法案》的颁布以及旨在加强工作环境中上述法案执行的就业机会平等委员会（EEOC）的成立极大地动摇了就业测评的价值。美国高等法院随后于70年代做出决议，规定了在什么条件下的人员选拔和晋升测验是被允许的，以及公司可能被要求提供某项测验符合司法适用性的有效证据。由于提供这种证据费时费钱，许多公司很快放弃人格测验而改用面试和测谎器来选择雇员。

这种情形的结果是，除了一些敏感部门的职位，比如警察、消防员、空中交通管理员以及核能发电厂的操作人员等，人格测验在工作环境中的应用大大衰退了。而在上述行业里，人格测验，如MMPI、主题统觉测验、罗夏墨迹测验以及爱德华人格偏好量表（EPPS）等仍被广泛使用。

不过，在心理学家们的努力下，人格测验在70年代还是继续得到发展。诚然，诸如迈-布二氏类型指标（基于精神病学家卡尔·荣格的人格类型理论）等新方法开始流行，而亚伯拉罕·马斯洛等著名思想家则提倡使用更广泛的评估方法，包括那些用以确认雇员更高层次的追求和目标等的测量工具。不过，还是有许多人谴责心理学界，认为他们误导大众；这些人甚至怀疑人是否真有稳定不变的性格。我那时还在密歇根大学念博士，所以仍然清楚地记得这些奇怪的争论。

人格测验此时在美国处于低潮阶段，人格测验可以用于雇员选择这一论点处于守势。不过它的复兴不可抵挡。在80年代末及90年代初，一种旨在理解人性的新模式在一些著名的研究中心开始出现。这一模式以五个因素为核心，认为所有常人的性格都可以从这五个维度得到解释。这五个维度分别是：（1）神经质，（2）外向性，（3）责任心，（4）愉悦度，（5）开放度。

有趣的是，这一现在被称为“大五模型”的测试工具强调使用一些很常见的形容词来研究人的性格，如开朗的、勤奋的、亲切的、有创意的等等。这其实在很大程度

上继承了性格研究鼻祖，100多年前的弗兰西斯·高尔顿爵士的观点。无论事先想到与否，人们在探知内心世界的道路上其实转了一圈，重又回到起点。

“大五模型”不仅对理论界有吸引力，它在应用研究方面的大量案例也显示它在许多领域，如商界等，具有极高价值。例如，心理学家发现，“大五模型”可以帮助寻找那些最能从咨询中受益、最能适应驻外生活或最具有销售能力的人。许多研究表明，“大五模型”还有助于了解来自不同文化背景的人，如中国、日本、印度、菲律宾、土耳其以及南美洲等。

具有启发性的一点是，有证据表明，普通亚洲成人的性格中还含有西方人通常缺乏的第六大特质：孝敬。这一特质包括对父母和其他受尊敬的长辈的责任感和实际行动，与上述其他五大性格特质有着明显的不同。

当然，并非人人赞同“大五模型”。一些心理学家就宣称，五大特质中没有一项可以用来测量诸如创造力、开拓性或不从众性等性格特征。还有人则认为“大五模型”没有考虑到精神价值、宗教和自我超越等价值——这些价值不仅对某些人的生活至关重要，而且也具有在生理上或遗传上被调和的可能性。无论这些观点正确与否，“大五模型”已经在整个性格评估领域产生了非常深远的影响。有一种观点或许还不够成熟，不过它认为“大五模型”最终将被另一种基于人的生理和气质的模型所取代，那将是真正的全球性的理论。

在结束对美国工作环境中的心理测验的历史回顾前，有必要提及另一较为特别的测试工具：测谎器，或称测谎仪。测谎器于1924年首先被警方问讯、调查人员使用，随即很快在商界流行开来，因为商界中经常发生雇员违规行为，而且后果通常都很严重。实际上，测谎器一直到最近还被优先用于对付偷窃、酗酒、吸毒、蓄意破坏及暴力等问题。近来，因为政府担心研究机构的核机密安全问题和研究资料失窃，测谎器又有了新用途。

作为美国现代文化的一种象征，测谎器经常被与好莱坞电影和通俗小说联系在一起。在这些作品里，测谎器是侦探与猖狂的歹徒进行较量的强硬武器；不过它在现实生活中的应用并没有这么神奇。

测谎器可以自动测量人的血压、脉搏、排汗及呼吸状况。在最新技术出现以前，测谎器由一个装在被试者胸部的充气管和一个绑在手臂上的血压和脉搏测量环组成。尽管现在的测谎器按照所需生理指标进行了标准化，但实际测试过程仍因测试执行者的不同而会有很大不同；不仅提出的问题、记录下来的生理反应会有不同，分析不同来源的数据以得出最后结论的方法也会有所不同。

因为这一缘故，用测谎器进行的测试经常被认为是使用者经验和技巧的结果，而不是仪器本身的作用。很显然地，由于这一主观因素以及雇主使用不当造成的后果，测谎器从一问世就引起极大争议。

六七十年代，测谎器成为一种很常见的选择雇员的工

具。私人企业主常使用测谎器来筛选求职者以及调查公司内的违规行为，尤其是偷窃。由于雇员偷窃在那个社会动荡的年代非常盛行，对测谎器的依赖也就与日俱增。具有讽刺意味的是，在提倡个人隐私的今天看来，虽然其他许多心理测试法在70年代因为种族和民族偏见而遭到批评，测谎器却不在其列。尤其特别的一点是，测谎器被认为是一种不同于智力测验和人格测验的、没有歧视的客观工具。在当时那个强调公民权利的时代，许多公司因此从进行心理测验转向使用测谎器，以免可能出现法律争端。

1978年《人事》杂志进行的一次调查显示，有1/4的美国大公司为了以下三个目的使用过测谎器：（1）评估雇员表现，（2）定期衡量雇员忠诚度，（3）调查偷窃或其他反常行为。其中，出于最后一种目的的公司所占比例最大（高达90%以上）。

到了1985年，据研究者估计，美国有一半以上的零售业企业以及30%以上的财富500强企业使用测谎器。实际上，当时的一项调查表明，与测谎器有关的诉讼案远远超过了与雇员歧视有关的案件。越来越多的批评者认为，在非政府机构的掌握下，测谎器在美国正在悄然成为一种侵犯个人隐私的危险工具。

这种批评并不新鲜。早在1959年，马萨诸塞州就成为第一个限制使用测谎器的州；以后的30多年里，约有一半的州做出了最低限度的规定。总的来说，工会活动频繁的州比工会活动不频繁的州更可能限制在工作环境中使用测谎器。

80年代后期，美国国会技术评定办公室以及美国心理学会的一支工作小组都提交报告，强烈反对使用测谎器。例如，技术评定办公室的报告总结道："目前只有非常有限的科学证据支持测谎器测评的效度。即使这些证据表明，在某些犯罪调查中，使用测谎器可以揭露出欺骗性证词，但发生严重错误的可能性仍然存在；并且主试者与被试者的不同以及反测措施的使用还可能进一步影响测谎器的效度。"再加上公众对测谎器在商界的应用日益感到不安，国会最终通过了具有标志性的1988年《雇员测谎仪保护法案》。而美国公司也很快对此做出反应，转而采用心理测验。这种情形持续至今。

需要知道的重要一点是，国会担心的是测谎器的使用可能会侵犯雇员隐私和工作安全性，而不是测谎器的准确性或有效性。何以见得呢？因为国会特别将一些它认为测谎器仍有可为的行业从该法案中区别开来，比如那些涉及国家安全和防卫的职业、FBI工作、安全服务产品供应商行业以及那些可以接触到管制物资的职位。另一方面，法案保护所有其他个人求职者不受测谎器侵扰。

另外，通过限制测谎器在现有私人企业雇员身上的应用，国会再一次强调准确信息的重要性。也就是说，在调查与管制物资或使"雇主受到经济损失或伤害"有关的不当行为时，比如偷窃、贪污、挪用公款、非法工业间谍和蓄意破坏等行为，有关公司可以使用测谎器。测谎器在这

些场合也可以得到最准确的使用，因为在这些场合中，雇主最有可能掌握仅为当事人所知的特殊信息。这并非巧合。

国会还规定了使用测谎器时允许提出的问题，以进一步保护雇员隐私。例如，主试者不得提出某些特殊问题，包括政治、宗教信仰、组织归属或性行为等。同样，主试者也不可以用轻视和冒犯被试者的态度提问。

1988年《雇员测谎仪保护法案》的其他重要条款还包括，被试者须有机会事先看到所有测验时将提出的问题，而且主试者不得添加新问题。除了对测谎器测试的这些外在控制外，国会赋予被试者的其他权力还包括：随时中止测验的权力；如果需要其他人观摩测验过程，或需使用任何其他诸如隐形摄像机、录音机、双面镜等设备时，事先得到书面通知的权力。最后，该法案还通过控制测谎结果的知情范围来保护被试者测试结束后的隐私。

不过，测谎器到底有多准确呢？虽然在美国能源部研究中心的核机密被盗后，能源部使用了测谎器对其雇员进行一系列测试以展开调查，许多心理学家仍怀疑这种测试的有效性，并且认为测谎器的效果（一般认为准确率为98%或99%）被夸大了。美国心理协会近期所做的一项调查指出，测谎器的准确率只有61%左右，该调查报告还强烈呼吁不应将测谎器的结果作为证据提交法庭。

有鉴于美国对技术根深蒂固的依赖，测谎器似乎还不会很快退出工作环境，而是将继续存在下去，至少在可预见的将来是这样。但谁又能说心理研究领域内出现突破——或许是与远程电脑数据库的结合——不是指日可待呢?

人格评估这一领域从来不是一成不变的;而毋庸置疑,新千年里它将会有更多变化。一切都表明,心理测验在未来将变得更加重要。当我们在设计自己的职业道路时,对心理测验了解越多,我们成功的概率就越大。

第 4 章

测评和法律

——我们需要知道的

目前，心理测评在工作中的应用受到法律的强烈冲击。测验的编写者和使用者受到的人权立法、联邦法律和法庭判决的影响达到前所未有的程度。不过，也许你认为雇员的隐私是测评中最为重要的问题，那么请再仔细思考一下，事实上，至少到目前为止，在现行法律体系和相关司法实践中，对心理测量设计及其实施适用的法规中，隐私权仅仅占据了微不足道的一个部分。

这里有雇主最感兴趣，也是最为小心对待的两个主题：雇佣失误（Negligent Hiring）（以及与之相似的在职失误〈negligent retention〉）和负性冲击（Adverse impact）。事实上，心理测评的合法性可以影响测评的建立、实施、计分和解释，每个公司现在都必须沿着合乎各种法律规定的中庸之道前进。因为测评与招聘过程的各个方面密切相关，所以管理、人力资源和组织咨询等部门熟悉这个领域是非常重要的。

美国的法律不是一成不变的，特别是有关劳动就业状况的法律。在过去的 15 年里，心理测量领域形成了一个一致的舆论：在可预见的未来，心理测量领域中将会出现相关法律不足的困境。这个问题背景十分深厚复杂，尽管

舆论相信法律有自己的清晰性，人们脑子里依然会在追问将来会是什么样子，法律解决方案一定不是有关职业法律建议的简单替代品。当我们面对这些具体的评价性问题时，至关重要的是获得这方面专业律师的意见，好在劳动法是立法完备的一个部分，寻找知识丰富的律师也不是非常困难。

主要联邦立法和条例

关于工作中心理测评的联邦法律条例有三大支柱：1）1964年《人权法案》第7条，2）平等就业机会委员会（EEOC）指导方针，3）《美国残疾人法案》。在聚焦下面4个联邦案例讨论之前，我们简单地浏览一下这三种法规。

1. 1964年《人权法案》第7条

国会于1964年6月2日通过，1972年和1991年分别修正。该法案是反对所有就业歧视的基石。在它的应用条款中，宣称：

> 针对个人的种族、肤色、宗教、性别和国籍等因素：1）雇主雇用或解雇任何个人，或对于任何个人在工作中的报酬、时间、环境和雇佣权利的歧视都将

被视为非法行为；2）对雇员和招聘中的应聘者的任何限制、区分和分类行为，会导致对个人就业机会的剥夺或对职业形象的其他负面影响，同样是非法行为。

法院一直以来根据这项条款来要求心理测评必须避免对个体的负面冲击，避免心理测验中被试者的种族、性别、少数民族、国籍、宗教以及最近所说的性取向等因素的影响。为了避免雇佣法中所说的负性冲击，该条款极大地影响了测验的设计和标准化。在本章后面部分，我们将详细讨论。

2. 平等就业机会委员会（EEOC）

该委员会依据 1964 年《人权法案》第 7 条设立，并于 1965 年开始工作，目前每年已经拥有了 2.5 亿美元的预算支持。它旨在通过行政和判决等手段执行联邦人权相关法律，通过提供教育和技术帮助，提高就业中的平等机会。现在有华盛顿总部和下属 50 个办公室在运作。EEOC 在 1966 年发布了第一部就业测试的指导手册，要求确保所有的书面测验必须具有效度（即科学地证明所测量的是测试者声称要测量的内容）。

1970 年，EEOC 发布了指导手册补充部分，增加了具体的技术细则，拓宽了对“测验”的定义范围，所谓测验

包括所有正式的、计分的、定量的、标准的测试，其目的是了解个人对工作的合适程度。这种合适程度包括对个人历史、背景要求、特定教育或工作经历、评分性的访谈、生理信息记录、评分量表和评分性质的申请表格。

尽管是有针对性的，但从结果上来看，在美国高等法院 2 个判例之前，EEOC 对招聘测试的相关规定几乎不为人所了解。这两个关键判决是：1）格里吉斯诉公爵动力公司（Duke Power Company）案（1971），2）艾伯马拉纸业公司（Albermarle Paper Company）诉穆迪案（1975）。这些判决把 EEOC 的指导手册上升到法律地位，使之成为政府的其他机构颁布的许多反歧视法律的一部分，最后经修改进入了《就业选择程序统一指导手册》。

《就业选择程序统一指导手册》在 1978 年 8 月 25 日由 EEOC、美国人权委员会和法律与劳动部联合通过。尽管政府部门间就某些问题的争吵阻碍最终一致的达成有几年时间，但“统一指导手册”仍标志着政府内部达成了广泛一致。时至今日，它们依然有效，并且在法庭对职业测评的判决中占据了中心位置。

但是 EEOC 对心理测评的关注并没有停步。1982 年，它强调“对于任意专业能力的测评的操作是在没有特意对种族、肤色、宗教、性别、出身等因素采用歧视行为的基础上进行的，否则都将被视为对雇员采取了非法的雇佣行为。”

EEOC 建立了一套术语以对任何带有“职业相关性”

说明的测试工具进行检验并决定是否予以批准，即使这种测试只是不经意地歧视了诸如少数民族等特定群体。通过依据 EEOC 相关术语的法庭判决，“职业相关性”概念得到了确认和推广。它被定义为“一套职业上可接受的方法，它的结果可以对工作行为需要的素质进行预测，或者与其显著相关。这些工作行为代表了应聘者正在或将要从事的职业”。

3.《美国残疾人法案》（ADA）

1990 年 7 月 27 日，该法案经美国总统乔治·布什签署成为法律。ADA 禁止以残障人士在个人就业、公共福利、交通、公共服务和通讯中所遇到的不便为借口的歧视。

ADA 将残障定义为：

1）器质性或精神性损伤，对日常活动产生实质性影响；

2）有残障记录；

3）被认定为具有某种残障。

ADA 中所认定的就业歧视涵盖了广大就业领域和社会政策，它们包括退休、雇佣、培训、升迁、工资比例、工作分配、假期、额外福利和社会计划。

考虑到个人的退休和雇佣（如今，就业通常包括了心理测验），ADA 特别针对性地设立了对有残障但是可以工作的人士的保护性政策。在 ADA 术语中，不管残障人士

在工作中是否依赖便利性辅助条件，如果他们可以行使工作中的基本职能，就认为他们是合格的，是可以从事该项工作的。

与大多数法案一样，ADA 没有定义什么是便利性辅助条件。但是一般而言，它包括这样一些方面的辅助条件：便于劳动，更改工作日程、设备、训练工具、考试和政策等等。

众所周知，在 1994 年 5 月到 1995 年 10 月，EEOC 颁布了关于雇员预选面试的新规定，它的依据来自 ADA 手册。这些规定允许雇主为了考虑雇佣条件，可以询问一些问题，来了解员工的残障情况和期望的合理待遇。考虑到这些面试问题在何种情况下可以向申请人询问，新的 EEOC 手册特别要求雇主应该让申请人在解聘或招聘过程中知道他们有权要求提出关于便利性辅助条件的申请，尤其是对于那些具有明显残障特征的人士，雇主应该了解申请人情况，了解他们在工作中对便利性辅助条件的需求。

在第 6 章中，我们会更加清楚地看到 ADA 禁止面试官询问一些有可能诱使透露残障信息的问题，并且要求只有提供了有条件录用的保证后，雇主才可以要求应聘者提供医学检查证明。不过，雇主可以向应聘者询问一些与工作相关的特定的能力问题。

另外，ADA 要求对残障人士的心理测评应该考虑他们的残障状况，应该安排一个对方容易到达的地点，并且在一套便捷可行的程序中进行。设立这样的条件要求是为了确保所采用的测试是测量被试者是否具备工作所需的特定技能，而不是测量个人的残障情况。

标志性的法庭判决

在过去的30年里曾经有过4个关键案例与职业中的心理测评有关。综合起来，他们对当今心理测评产生了强烈影响，让我们按照时间顺序逐个检视它们。

1. 格里吉斯诉公爵动力公司（1971）

美国最高法院裁决的此案中，公爵动力公司将生产性职能划分为五个部门，其中一个部门——劳动部的工资低于其他部门。公爵动力公司规定，除了劳动部，其他所有部门的新雇员需要一个高中文凭，并且需要在专业的普通智力测验和类似的机械理解能力测验中达到最低分数线。同时，公爵动力公司允许黑人进入一个最高报酬部门，但是这种升迁对工作资历的要求高于其他因素。

公爵动力公司前雇员对公司提出指控，宣称他们在公司的测评中受到了种族歧视。根据EEOC手册（1970）的规定，最高法院认定公爵公司的测评缺乏效度（个人测验得分与工作绩效相关程度不高），具有明显的负性冲击。最高法院首次将“负性冲击”的理念运用到心理测评中，

在格里吉斯案件中，宣布公爵动力公司具有故意歧视行为，而非基于测试结果而雇佣。

2. 艾伯马拉纸业公司诉穆迪（1975）

与上述案例相似，这项最高法院判决的问题同样集中在负性冲击上。但是此案判决更为彻底，影响更具有冲击力。艾伯马拉法院始终围绕这样一个问题：在招聘中对应聘者使用心理测验，但是雇主应当用什么东西去证明心理测验与工作具有相关性?

该诉讼的背景与格里吉斯案件非常相似。20 世纪 50 年代中期，艾伯马拉纸业公司（位于北卡罗莱那州）更新了自己的生产流水线，增添了一些复杂机械设备，同时要求自己部门的员工只有具备了高中毕业证书，才可以使用这些复杂设备。当时，革新后的流水线只对白人职工设立了工作岗位。经过几年的时间，公司认识到仅仅具有文凭并不能够提高生产质量。于是，公司出台了一个新的挑选方法，就是所谓的心理测验。

相应的两套心理测验工具，汪德里克人员测验与贝塔测验（修订版），分别用来测试言语智商和机械理解力。然而与文凭要求一样，公司忽略了采用正式研究评估去了解自己的新方法是否可以找到更多合适的工人。可能由于管理上的惰性，艾伯马拉公司从来没有取消对工人文凭的要求。

到了1964年，公司开始招收黑人员工进入新的生产线，录用条件是他们能够通过心理测验。但是，几乎没有黑人员工可以通过测试。由于这个原因，还有其他一些与公司资历系统相关的因素，导致一批在职和离职的黑人员工于1966年向法院提出诉讼，指控公司的聘用工作对他们有明显的种族歧视。

公爵动力公司从没有尝试证明心理测验成绩与工作技能之间是否相关。但是，艾伯马拉纸业公司在1971年年中审判开始之后，从格里吉斯案件中吸取了教训。虽然艾伯马拉公司过去从来没有考虑过心理测验在聘用决定中的准确性，但是在严峻的法庭判决开始之前，艾伯马拉公司的董事们聘用了一名工业心理学家展开了效度研究。这位心理学家在工厂花了半天时间，设计了一个“同时效度”的研究计划，让工厂的行政人员负责操作执行。参加两个测验的工人，水平相对较高，几乎都是白人，然后有关人员把他们的结果与工作绩效对照，工作绩效是根据他们上级的评分得到的。在检验了所有来自艾伯马拉公司的数据之后，这位心理学家得出结论：测试成绩与工作绩效相关，测试工具是有效的。

但是，依据前面提到的不确切的EEOC手册（1970），美国最高法院发现艾伯马拉公司的效度研究存在一系列缺陷，最后裁定原告胜诉。法院的研究结果认为，工作绩效采取上司评分方法过于模糊，因此“没有办法确定评分标准是否有效，评分标准会不会导致公司依照特定工作能力

的兴趣来修改测验体系，这种兴趣是否包含了种族歧视影响”。

另外两个著名案例部分涉及招聘考试和个人隐私。一起是麦肯那诉法戈案件（1978）。美国新泽西地方法院审理了原告罗伯特·麦肯那和其他4个应聘者对尼古拉斯·法戈（泽西城公共安全长官）的诉讼。原告曾经去应聘消防员工作，他们宣称招聘过程中的侵犯性心理测验侵犯了宪法赋予他们的信仰自由权利和个人隐私权利。

从1966年开始，心理测评被引入到这类工作的招聘中来。因为在此之前，由于新泽西很多地区的种族骚乱，警察和消防队员承受了巨大的情绪压力，这引起了政府当局对警察和消防队员等的心理素质的重视。最初，应聘者只需要参加MMPI测验和一项由泽西城所聘用的心理学机构主持的临床面试。但是到了1972年，当时原告麦肯那25岁，应聘的人员需要参加另外的心理测验，包括罗夏墨迹测验、主题统觉测验、爱德华人格偏好量表（EEPS）测验、画人测验和非标准化的填句子测验。

在临床面试和系列测验之后，心理公司提交了应聘者人格方面5个维度的详细报告：1）对高密度生活的适应性，2）服从命令，3）压力耐受性，4）风险估计，5）潜在伤害性恐惧（如恐高、恐幽闭等）。报告最后会给出一个结论：录用、不录用、实习考察或心理治疗辅导。泽西城政府招聘人员只能得到这份结果报告，不会看到应聘者的原始分数。

经过对泽西城心理测验的认定，法院没有发现任何原告所宣称的心理测验侵犯了宗教权利的证据。虽然在MMPI和EPPS中有一些与上帝信仰、政治主张及相关内容有联系的题目，但是法院没有发现任何证据能够说明应聘者由于宗教或政治见解的意愿而被决定为录用或不录用。相反，“这些评估的目的是为了更好地挑选消防队员，他们在灭火工作中承受巨大的心理压力，而且生活在一个拥挤营房，他们的潜在行为（导致录用的重要因素）与心理、情绪性因素相关，而不是与信仰或政治信念是否正统相关。”

对于心理测验是否侵犯了宪法所赋予原告的关于隐私的权利，在这个问题上面，法庭发现心理测验更没有显著表现。从本质上来说，“宪法所说的隐私权利并不是绝对的。国家利益相对于那些维护隐私权的规章和行为具有更高的优先权。比如说，消防工作的高度风险和高压力允许泽西城政府在招聘过程中使用侵犯性的心理测验工具。因为消防工作和警察工作一样，常常处在威胁生命安全的情境里，国家利益就代表最高要求。原告忽视了一点，如果消防员不能够控制自己的情绪，不但使自己面临生命危险，同时使得其他同伴也会处在这样的境地。心理测验深入到应聘者这方面的隐私，实际上为了避免他将来丧命的危险。”

心理测验的最新标志性案例是苏洛卡诉戴顿哈德逊公司案件（1991）。这件案件由加利福尼亚法院审理，引起

广泛关注。原告是应聘戴顿哈德逊目标百货公司保安工作的人员，他们宣称在招聘过程中参加的心理测验侵犯了自己的隐私权，涉及《公平就业和居住法案》和《加利福尼亚劳动法》。

在诉讼之前，戴顿哈德逊公司已经进行了好几年的心理测验，用来剔除那些不服从管理规章的申请人，同时还包括那些具有潜在攻击性的人员，因为他们可能攻击同伴或顾客。

公司的目标当然是合情合理的，测验名叫心理筛选，根据 MMPI 和加利福尼亚人格问卷联合修订而成。这两种测验在临床心理学和心理治疗领域广泛地被应用。但是，就像麦肯那和美国人权自由协会在新泽西争论了近 10 年的问题一样，在加利福尼亚的原告律师坚持认为这些测验中包含有非法的人格问题，涉及宗教、政治态度、性行为。

在苏洛卡的案件中，隐私权的支持者获得了胜利。在做出最后判决的时候，法庭提出，在加利福尼亚法律的标准下，判断工作应聘者的隐私权是否已经被侵犯，是一种强迫利益标准（compelling interest），与对在职雇员是否侵犯隐私权的判断是一样的。虽然戴顿哈德逊公司有合法的权利去雇用一个情绪稳定的员工作为保安人员，法院还是认为公司缺乏令人完全信服的权益去使用特定的测试工具。

另外，考虑到格里吉斯和艾伯马拉案件的关键解释，苏洛卡法院认为戴顿哈德逊公司不能够证明自己的问卷与对申请者要求的工作素质之间存在关键联系。换句话说，问卷没有足够的测试效度。

因此，1996年，在加利福尼亚法庭审判中，考虑到心理筛选是对现行宪法赋予的隐私权利的侵犯，法院禁止在招聘中使用该测试，同时禁止在预选问题中涉及宗教和性问题。戴顿哈德逊公司最后同意赔偿2,500名参加测验的申请人，总价值达200万美元。

上述就是目前关于招聘中测验及主要法庭判决的现状。

7个关键的法律问题解答

1. 什么是雇佣失误？

它通常适用于被同事伤害的雇员。当服务或产品很差而被证明在某些方面对人有害的时候，一个消费者可以提出控告。但是公众因工作原因导致受到伤害，那么他对雇主追索的权力是有限的。然而，现在许多法院提出，雇主对那些在工作中由于雇员的原因而造成的对任何人的伤害是负有责任的。公司应该对员工的心理品质有足够的了解，从而避免这样的麻烦。在同一基础上，公司也对惩罚

性伤害、医疗费用和工资损失等问题负有责任。现在这些问题已经日益突出，不再是不值一提的小事情了。在马里兰州一起因雇佣失误而导致的伤害案件中，原告被判支付200万美元赔偿金。

这个问题的核心在于雇主是否采取了合理的预防措施，从而避免雇用那些对工作中其他同事具有明显伤害倾向的人员。因此法庭始终宣布，雇主为了避免因雇佣失误承担责任，必须拥有一份关于申请人背景的详细资料。这些资料往往是通过个人简介和访谈得到的，因此不了解这些资料的雇主往往冒有很大的法律风险。这就是目前背景安全调查和心理测评盛行的原因。那些属于雇主依据法律可以或不可以向申请人询问的内容将在第 5 章中重点提到。

与以往的任何时候都不同，雇主对雇佣失误负有责任。这种雇佣失误表现在对雇员进行不合理的培训，雇员缺乏足够经验，有心理性或器质性障碍，酗酒、健忘、注意力不集中，或粗心大意，或者是有过度嬉闹、鲁莽冲动、居心恶毒等显见不良记录。

现在扩大雇佣失误的责任范围意味着雇主需要大量使用心理测验方法剔除潜在的危险、不诚实或不稳定的员工。对于很多职业，尤其是执法和安全保卫工作，一个组织如果不能够实行合适的测评，将对雇佣失误负有相关责任。

但是这并不意味着一家公司在招聘员工之前必须进行

大规模的调查。一些法院同时规定：是否了解申请人的犯罪记录不是一个强制性要求——甚至一些州和地方法律禁止直接询问申请人的犯罪记录。公司的职责是认识到对这些问题的关注程度仅仅同相关的工作有关。对员工与顾客或公众之间的内在联系了解越多，就会越是发现这些关注必要。

2. 什么是在职失误?

这个法律术语与雇佣失误非常相似：如果一家公司不能够合理地对自己的员工实施监督、管理和干预职能，那么必须对员工的有害行为承担责任。一般来说，在这一法律领域中涉及心理测验问题的比例远远小于雇佣失误。为什么？因为，如果雇佣过程，包括人格测试的使用是成功的，那么那些不合适或头脑易冲动的人在第一阶段就会被剔除出去。不过，如果公司在开始不能够剔除一个具有反社会特质的申请人，继而导致对他人造成伤害，公司就会对在职失误负有责任。

那么，这是否意味着公司可以强制将心理测试作为申请人继续应聘工作的条件呢？基本说来，法庭已经规定这种情况取决于雇主对员工外在的行为观察是否充分，在此基础上可以征求专家意见，了解他或她对特定工作的心理适应能力。一般说来，这些要求在招聘过程是必要的。

举例来说，1997 年，一所学院的院长为了报复一名体育教员，要求他参加一项有关愤怒倾向性的心理测验。一位加利福尼亚行政法官当时判决这样做是非法的，不过这仅仅是涉及了很小部分的在职失误。案件核心问题还在于雇主的报复行为，因此判决并没有说明学院是否有合法权利去强迫一位明显具有暴躁脾气的员工参加心理测验。

如果涉及雇佣失误和在职失误问题，那么一个公司是否具备资格去进行心理测验，解释心理测验结果，这才是实质性问题。过去，法庭已经听取了很多诉讼，这些诉讼涉及应聘人因为在招聘中接受药物测验，由于错误的药物测试结果使得雇员不能够被录用的事件。其中一些案件是应聘者或雇员对雇主或药品测验公司成功提出指控。同样，被拒绝录用或被解雇的员工可以成功地指控雇主和咨询公司，这些咨询公司往往粗心大意地实施和分析心理测验、个人简介和访谈。

3. 什么是雇员诽谤?

最近几年，法律体系中发生了一个细小但是影响深远的变化，它很大程度地抑制了公司发布自己过去员工信息的意愿。不久以前，在招聘过程中，雇主通常是通过书面或电话从应聘者的现任或前任上级那里得到关于应聘者的详细介绍，包括勤奋程度、可信任程度和情绪稳定性等性格特征。但是由于有关雇员诽谤的立法规定介入，这样的日子已经一去不复返了。

在绝大多数时候，公司只愿意透露个人的工作期限和具体内容，如“苏·琼斯做了三年的市场助理，在两个月前她结束了在我们公司的工作”。实际上，正是由于涉及性格的推荐信和评语在逐渐消失，导致了这些关于正直、外向性、诚实和领导能力等人格特性的心理测试在当今商业使用中急剧地增加。

4. 什么是心理测验使用中的显著“负性冲击”?

我们在本章前一部分中着重提及这个概念。在各种法律概念对心理测验的挑战中，关于测验导致的“负性冲击”问题是最为重要的一项。它的意思是指由于对不同的人群或阶层的认识理解不同，进而采取不公正的、区别性待遇，尤其是对那些法律声明要保护的群体。

比如说，如果一个公司采用一种心理测验，它可能在黑人或西班牙裔人士中只有非常低的通过率，那么它很有可能违反了法律。正因为如此，许多种类的智商测验在职业选择方面符合科学意义上的效度，但是它们会对受保护人群构成负性冲击，因此它们自身充满了争议，雇主在实际中经常避免使用。

5. 心理测验必须如何设计来避免负性冲击?

见第5章中的详细讨论内容。

6. 在招聘过程中，申请人有哪些隐私权？

大多数法律允许雇员可以接触自己的个人资料，有权修改任何错误信息，可以控制个人信息的披露。虽然实际情况不是如此，但至少法律理论是这样规定的。1974 年《个人隐私法案》限制了联邦雇员个人资料的对外披露范围，各个州涉及隐私的法律也存在同样规定，有些时候还禁止拘留和审判信息的散布。

7. ADA 禁止在员工预选中采取医学评估，招聘过程中公司实行心理测评是否触犯了这条禁令？

答案是否定的。只要心理测评设计目的不是为了确诊对方是否存在心理缺陷或失调，也就是说不属于心理诊断，那么雇主在人格测验工具上的选择空间就非常大，比如可以测量应聘者的正直、外向性、忠诚度、攻击性或领导能力。

实际上，正是由于这个原因，诸多的著名临床测验，如明尼苏达多重人格问卷第二版、主题统觉测验、画人测验和罗夏墨迹测验等在招聘测试中已经消失：应用这些测验有可能会触犯 ADA 关于在员工预选中禁止使用医学评估的规定，规定中的医学评估包括心理诊断。有鉴于此，法庭对苏洛卡诉戴顿哈德逊公司案的判决无疑有助于在职场测评中剔除临床工具，因此它的意义深远，非常有影响力。

第 5 章

如何设计心理测验

心理测量学是高度专业化的领域，到了今天更是如此。测评的设计者不仅要具备最新的关于人格、动机、认知或教育等方面的研究知识，还需要对涉及他们成果的相关法律条文保持高度的敏感性，可以说，这是对现今的设计者提出了更高的要求。就像是在第 4 章中提到的一样，心理测量只要遵循一些特定的测量准则，法庭为测评构建留有相当宽松的余地。

怎样设计出既合理又有效的测评呢？这种专业知识不是可以轻松获得的。一项设计良好的测评定会物有所值，但是一项设计糟糕的测评会很快被无情的市场淘汰。虽然很少有人要求我们设计出一份用于雇员预先筛选的问卷，但是了解这些测评知识对我们是有帮助的。为什么呢？因为不管我们今天在职场中的地位如何，我们很可能发现这种信息与自己事业的发展相关。

测评设计的要素

心理测量的历史已有一个多世纪，但是它的基本特征

还是保持不变。无论什么时候构建一项测评，都必须遵循几个科学原则，特别是效度和信度。法律上特别强调构建效度的重要性，以便确保测试的无歧视性，也就是使这项测评能够避免负性冲击。

首先，一项测评必须被证明具有职业相关性。这个要求不但是遵守 EEOC 有关规定的重要方面，而且具有非常重要的意义。人们彼此间心理特质上的差异也许没有成千上百种，但是起码有几十种。随着计算机技术和高效的统计手段的出现，测试这些特性不再是什么难事。实际上，其中一些特性非常有吸引力，在各种会议和约会场合变成人们饶有兴趣的话题。同时，它们也使得众多的研究人员忙于反反复复的研究工作。在商业世界里，这个问题无疑变成了：其中哪些特质与个人职业成功是直接相关的？

让我们来谈一个具体的例子。研究食品工业的心理学家了解到，我们其中的一些人是地地道道的巧克力嗜食者，而另外有部分人则不喜欢这种食品。从大的方面来说，这个原因就是，基因或至少是生理性因素在其中所起的作用远远大于社会性因素。但是，不要忘了，文化的因素也在其中。在许多国家，鲜花和巧克力作为礼物是非常罗曼蒂克的暗示。然而除非心理学家可以科学地证明对巧克力的偏好与职业成就相关——相信我，这些奇怪发现确实是存在的——否则，设计出一道巧克力和职业绩效之间的测试问题是不合适的。

让我们来看另一个例子：宠物主人。我们知道有些人拥有三四只猫，却常常哀叹没有足够的空间来养更多的宠物，还有一些是自诩为热心的犬类爱好者，而另外一类人尽量避免与动物的任何接触。我们对小猫小狗或其他动物的喜爱与否是否与我们的工作表现有联系？是的，完全有可能，但是两者之间的联系不一定是绝对因果关系。如果这样一个相关关系能够在统计上被证明，那么公司可以在员工预选和招聘测试中应用这样的信息，把它作为参考。

然而，到目前为止，行政和经理层对雇员 6 个方面的特征怀有浓厚兴趣：1）外向性，2）诚实，3）责任心，4）压力耐受性，5）对愤怒的控制，6）领导能力。为了让自己的企业在全球化经济新体系发展中更上一层楼，他们特别关心问题解决和创业能力。上述所有领域的问题需要测试设计者来设计出对应的测试项目，而且要避免它们在种族、性别、伦理或性取向等各个方面可能带有的种族歧视问题。

在一项心理测评建构完成，接着通过评估性实验检验后，它必须在一定的、适合的相关样本基础上经过标准化过程，其中需要大量的人口统计学专业知识。举个例子来说，如果一家公司正在设计一个员工预选测量方法，在大量的应聘者中筛选具有外向性人格特征的人员，那么它的样本必须能够准确反映这个群体的性别、伦理和种族构成。否则，不管在设计中如何科学、严格，如何具有高职业相关度，根据人权法案和 EEOC 的指导手册，这个测试也完全可以因偏见被斥为无效。

科学规范化同时是一个可以确保测评具有跨文化性质的过程。比如说，不管申请人的伦理或种族背景如何，测试中所有问题的意思应该是一致的。因此典型情况是，绝大多数美国测验公司为自己的测评提供的除英语以外的翻译版本一般是西班牙语。在心理测评中，术语翻译是件非常困难的工作，首先必须保持准确的原义，同时防止在另外一种语言中出现可能的负性冲击。

效　度

在标准化过程中，一旦选定一个准确合适的样本，下一步工作就涉及到效度建构。在效度建构中有 4 个不同类型，或者说是方法。它们分别是：

1. 构念效度

测试目的是来测试一个理论结构和特质。比如说下面就是一些所谓的构念：外向性、信任度、领导能力和对压力的易感性。建立这个效度要求从各种各样渠道中积累相关信息。所有信息数据，只要可以反映测评的构念特质，或者影响这个构念特质发展的条件，都被认为是有用的。因此，在一项关于信任度的测试的设计过程中，设计者会寻找许多职场中的诚实或不诚实的雇员事迹作为例子。这里涉及的情境可能非常宽泛，从偷窃、员工撒谎请病假到为朋友的出勤卡打孔等。

2. 内容效度

从基础上说，内容效度涉及对测试内容系统的检验，以判断其是否覆盖了所要评估的职场行为样本。内容效度的建立通过选择合适项目从一开始就被构建于测试内部，这样的效度过程典型地在成就评估测试中进行，看起来非常直接。因此，一个考察美国历史或地理的测验应该包含这两个特定的学科内容，而不是其他内容，如俄国历史或文学。

在人格测验中，这个问题就变得非常棘手了。举例来说，假设一个关于害羞的新的测试被设计出来了，心理学家就会很快地讨论内容效度的问题。这个测验真的能够测量害羞吗？或者在一定程度上它不经意地测量了其他的特质，比如内向性或是抑郁性？或者琼丝或艾瑞克在这个测试中得高分不是因为害羞，而是一种喜欢孤僻的倾向，或者因为态度消沉？

测评的捍卫者可能说："那么你认为害羞意味着什么？内向呢？还有压抑呢？可能它们在某一个方面都是相关的，而社会科学还不能够彻底了解。"不管人格特质定义如何，一旦一项测评被建构起来去测量某种东西，这个特质可能就变得非常难以捉摸了。

3. 表面效度

表面效度不是指在技术意义上的测试效度，而是它在测评中表面要测试的。可以这么说，这个概念意思是指这个测验形式上是否“看起来是有效的”。这对什么人而言呢？是指参加这个测验的人，决定使用这个问卷的人，还有就是一些没有受过技术训练的旁观者。

表面效度对于确保心理测评中成人和儿童合作完成测评很有必要。表面效度不是一个客观确定的效度的替代品，但表面效度可以使得测评更像是一回事情。与成就评估相比，表面效度在人格评估中使用不多，但是可以使被试者严肃地对待测验，并全身心地投入，力争最好。在我们年轻的时候，不善合作，对这些测验是嗤之以鼻的。

4. 效标效度

效标效度指的是一项测评预测一个人在特定情境下行为的有效性。实际上，在第4章法律范围中讨论过这个问题，这种类型的效度是法院和涉及招聘工作的政府部门考虑最多的：它在相关法律裁决中的重要性在于它可以证明职场中测评是有效的，它必须有一个体现员工能力的有意义的适合维度，而且这个效度关注的是与评准相关的方面。这两个不同形式往往被称做：1）预测效度，2）并存效度。

就预测效度而言，它是将一个人关于某种特质的测试得分与他的实际工作绩效相比较。举例来说，在特定时间里面，比如说一年之内，一项关于诚实度的测验结果可以很好地区分犯有盗窃行为的新雇员与记录清白的新雇员，并达到统计上的显著性水平，那么我们可以说这项测验的预测效度非常好。

在工业研究中，由于时间因素的限制，我们更多的是采用并存效度。这种方法是这样的，测试对象的评准事先已经得到，然后将参加诚实度测验的雇员得分对照个人资料，从中找出不诚实或者认为是不诚实的行为，将两者比较来判断雇员是否诚实。法律非常重视并存效度的使用，研究者寻找与实际工作相关的行为是非常关键的，只是简单地比较一下诚实度测验结果和上级对雇员的评分结果，被视为是非常不充分的。

一个可接受的测验效度包括什么？这几乎不是一个学术问题，因为没有什么一成不变的规则可以满足那些躲避法律条文的雇主。另外，还有一个非常重要的经济因素需要考虑：效度研究越彻底，它的费用越高。在某种意义上来说，每个组织必须考虑这样一个问题：通过比较心理测试与面试应聘者和招聘员工的潜在收益，来决定是否值得进行大规模的效度研究投入。

信　度

除了效度以外，信度是所有心理测验的另外一个关键部分。它指的是结果的一致性，通常可以用下面四种方法来计算：

1. 重测信度

重测信度是最明显，也是最常用的一个方法。一个人参加了一次测验后，经过一段时间再参加同一测验，然后比较他两次的分数。再测间隔一般为 3～6 个月，很少有很大的间隔。当然，最理想的是被试者得到一个与原来一样或者接近的分数。与所有测试发展技术一样，重测信度存在几个缺点，尤其是练习效应，它对记忆、智力、学术成果或机械能力倾向等测验结果进行重复加工。

2. 复本信度

复本信度是针对重测信度的内在缺点而改进的方法。被试者在第二次测验中面对的是同类型试卷，但是内容不完全相同，其中大约有一半以上的部分是做过的。用这种方法，避免了上次测验中特定顺序的特定题目对被试者的影响。

3. 对半信度

如果想避免等上6个月再来确定测试是否有价值，那么在心理测量学的研究中，这种方法是经常被采用的。同样一份测验分成相等两部分给被试者，然后比较两部分得分。因为只涉及一个测试内容，所以分数在时间稳定性上没有办法检验。

4. 库德－理查森（Kuder－Richardson）信度

第四种信度是根据两位发明者的名字命名的。它使用了一套单一的实施方法。与其他方法不同，它分析了被试者在测试所有项目上的答题的一致性。从数学原理上说，库德－理查森信度与测试所有不同区间的对半信度的平均数有关。

如果说重测信度是使用最多的方法（还有一种是不受重视的方便原则，叫做懒汉研究〈lazy－minded research〉），那么人格测验对于我们在日常生活中经历的事件有多敏感呢？假设用一个工具去测试开放友好性，一个应聘者昨夜却刚刚和自己最好的朋友展开过激烈的大辩论，那么这会影响他的测验成绩吗？这会使得他低于本该具备的水平

吗？另外，我们假设一位应聘者两岁大的女儿昨天因为哮喘住进了医院，那么评估他今天的测试成绩时，会考虑到他的压力或抑郁因素吗？如果应聘者目前所在的公司正在进行大规模的裁员，而他正被自己的部门视为辞退对象，那么又如何呢？这会影响到他在员工责任心测试上的得分吗？

绝大多数的心理测验具有显著的信度，在一个不可能十全十美的世界上这已经是可以接受的了。但是那些测验考虑到上述情况了吗？答案是否定的。虽然在访谈中是允许的，但我注意到没有一样测试工具允许个人去叙述一个影响他们自身形象的问题或遭遇，现在法院对职场测评中信度的关注低于效度是一个值得注意的问题，可能这是负性冲击的原因。

负性冲击：进一步观察

在美国不同的人群中，比如少数民族、妇女等，如果一项心理测验产生不同的分数，那么 EEOC 马上就会关注这项测验。举例来说，如果有材料揭示出男人和女人在数学和言语能力的测试中表现不同，就需要法律来审查。即使在一个非常细小的环节上，一个使用这样的测试的公司必须能够证明他们的特征只是与特定的工作相关。

让我们来考察一个关于食物偏好的理论假设。假设研究结果无可争议地显示，消耗大量肉食的行政人员比其他工作人员劳动效率更高，那么根据这个结果，是否可以让雇主自动地询问行政工作应聘者的饮食习惯，然后选择肉食消耗最大的人员吗？答案当然是否定的。为什么？因为像印度教、伊斯兰教、犹太教等宗教信仰都有自己禁食的肉类，所以根据《人权法案》第7条，这样的问题是带有歧视性的。同样的，素食主义被认为是一种宗教饮食习惯，因此，相关问题也被视为是一种歧视行为。

让我们再来看另外一个例子。我们不管这个事实是否正确，假设手球是一些男女最喜欢的运动。在纽约，一个我在冷战期间长大的地方，我的许多不同种族的邻居都自称是手球明星，而且都成了当地有身份的名人，还伴有大群热情洋溢的球迷。假如心理学研究揭示出经常玩手球的雇员比其他人更少旷工，那么是否允许公司的测试问题中包括手球活动的内容呢？

答案还是否定的。理由来自美国的残障人士法案。毫无疑问，每位有身体障碍的人士，比如小脑积水，骨头病症，严重关节炎或撞伤，这些障碍将极大影响他们对问卷中关于参加体育运动或者参加户外活动等问题的回答。因此，这些问题被认为是具有歧视性的，而不被考虑对职业绩效的预测是否有效，被禁止列入测试中去。

简单地说，如今只有一半的球类运动从事者的特定的人格特质、性格或技巧能够既有效度又有信度地预测雇佣结果。这样的测试是必需的，也是基本的，但是它自身还

是不完全的。测验设计者必须明确测试项目要避免所谓的“负性冲击”。

测谎量表

不知道你是否注意过，人们很容易撒谎。不管你相信与否，男男女女为了得到称心工作，总是试图歪曲自己的个人优势和弱点去迎合工作要求。与我们的上一代相比，现在的与职业相关的不诚实是否变得更为普遍呢？这还存在争议。也许绝大多数心理学家会说是的，理由之一就是美国当代生活中越来越多的匿名现象。

最近，据估计大约 1/4 的应聘者在自己的简历中撒谎，其中 42%的人捏造自己的教育背景或专业会员资格，而且男性在简历中撒谎的人数比女性显著地高出一倍。这也反映了各种社会压力和社会环境。与过去相比，雇主很容易知道申请人并不是康乃尔大学毕业，虽然在简历中对方是这样自吹自擂的，或者 6 年前根本不是他们地区的不动产协会主席。

不过无论怎样，心理测量学家很早就知道人们会夸大自己的人格特质，并且近半个世纪以来，广泛应用的测试，如 MMPI，在设计中加入了测谎量表。今天，几乎所有建构良好的心理问卷都包括这种重要的亚量表，在心理测量行业中我们称之为“软性问题”（softball question），它们都是一些重要而具技巧性的问题，主要是看申请人是不是想通过假装稳定情绪、更活跃而富吸引力，以暂时地骗过测试的主试者。

在招聘过程中，这样的技巧比你要知道的多得多。如果候选人在测谎量表上的得分超过了预设分数，那么这次测试的所有结果都被认为是不可靠，往往是要被剔除出去的。候选人得到那个职位的可能性就几乎马上降至为零。有时候，甚至只是几个欺骗性回答就足以使候选人的考试结果和申请列入人力资源部的灰色档案，而不是列入表示完全录用的白色档案中。

在人格测试中，这些测谎问题通常可以看得出来，它们的问题中常常含有“总是”（always），“任何时候”（all the time），“从不”（never）等关键词。下面是几个例子。

例 1：我所做的每件事对我来说都是有趣的

注意这里面的“每件事”（everything）。在这个世界上，任何人，包括美国总统，你喜爱的电影明星、运动员或娱乐界大腕都没有资格宣称这样的话是真的。没有公司希望工作或者是生活之类的事情的每一个方面对雇员而言都是有趣的。聪明的候选人会明智地反对这句话。

例 2：我从不说谎

注意“从不”这个词。不管是乔治·华盛顿还是“诚

实的亚伯”林肯总统都不可能说这样的话。对于一个申请人，他坚持自己从来没有说过谎话，显然是荒唐的。为了避免陷入测谎量表中的一个陷阱中去，聪明的候选人最好还是写上“不”。

例 3：实际上我从来没发过脾气

今天的报纸和杂志到处充满了关于“愤怒”的文章。天上地下愤怒现象无处不在，当然也有雇员的愤怒，我们在后面章节中还将讨论这个问题。职场上，暴力和蓄意破坏是今天的雇主非常关心的问题，他们强烈要求通过人格测验筛除潜在的性格暴躁、鲁莽冲动的麻烦制造者。

每个人总是偶尔有发脾气的时候。如果一个候选人说自己从来没有，这是非常可笑的，于是测谎量表马上会提示主试者。因此，申请人应该老实地写上“不”，给主试者一个满意合理的回答。

测验更新

最后，我们讨论测验更新。不管一份心理测验是如何的有效度，有信度，他的设计者必须阶段性地更新常模和相关的统计数据，以符合 EEOC 和 ADA 手册。同样，如果一家测验公司总是不断追踪和改进测试工具可能导致的负性冲击，那么与那些不能够这样做的公司相比，它更能够得到政府执法部门的好感。

当然，更新和追踪需要一定的经济支出，同时执行也是一个问题。对大多数测验而言，代价是相当可观的，并且需要付出数年的努力。这就是为什么只有少数心理测验才在近年里在分数解释或实际内容上进行修订的原因。不过，在人格测验中，总是有充足的理由进行大量修正。其中一个原因是，英语是变化的。对大多数人来说，曾经是意义明确的词汇和习语总是在逐渐发展，最后变得不再熟悉，甚至是难以理解。“你常常感到忧郁吗（blue)?”这是一个临床方面的问题，生活在20世纪30年代至40年代的成年人可以理解它的意思。但是试着把同样的问题摆在今天的成年人面前，尤其是来自其他国家的人，他们则是很难理解的。

另外，美国文化本身——也许是世上最复杂的——是不断变化的，相应地，大众的态度、信念和价值观也不断变化，这点比其他任何文化都要明显和强烈。这不仅与求职中的测试结果做假相关联，而且也意味着我们一度曾经认为的心理反常现今已经成为主流了，并且变得重要了。事情反过来也一样。比如说，美国文化标准对于在过去几十年职场中诚实和不诚实的审查已经松弛许多。相反，针对妇女和少数民族的讽刺或玩笑的可接受性成为受到高度关注的问题。

不能够将语言和文化变化考虑在内的人格测验变得越

来越不切实际和陈腐过时。实际上，这一过程在应用心理学领域的发展更为迅猛。下列主题的文化价值观——个人成就、成功、男女关系和家庭生活、诚实、压力、自我发展和领导——在最近十几年来变化非常大，以至于与一个世纪前相比，更新相关的人格测试工具变得前所未有地紧迫。因此，不管是在法律方面，还是临床方面，更新这些已经是高效度、高信度的测验具有重要意义。

第 6 章
个人资料

“你穿的是男式平腿短裤，还是贴身短内裤？”

在一个 MTV 中，前任总统比尔·克林顿一进入他办公室，这个问题便迎面而来。“短内裤，有时候是短裤。”接着采访者开始转入下一个更重要的话题。人力资源领域以外可能很少有人知道，这个问题不仅是一个正统的预测国家管理能力的测验题目，而且还反映了一种构建合理的评估方法：个人资料法（Biographical data）。

实际上，长期以来，使用个人资料被认为是最可靠的评估技术，而在今天变得更富于吸引力。具有讽刺意味的是，被试者对于一些涉及自己背景和生活风格的侵犯性问题的积极回答，比如在美国测试中被试者对服饰偏好的回答，说明了这种方法的效用。这种倾向在这几十年被心理学家批评为“漫无目的”，缺乏心理学人格理论基础。然而这种方法被证明是有巨人价值的，因为它可以区分那些适合与不适合被雇用的申请者。并且，这种技术方法在管理选择和组织发展中还占有一席之地。

依赖应聘者所提供的个人生活资料，是建立在一个独特而著名的格言“过去表现决定未来成就”之上的。换句话说，不要把注意力过分集中到申请人谈到的自己的态

度、信念或目标等因素上，而是应该尽可能彻底地了解他们的背景和生活风格的真实细节。那么，达到这个目的最容易的方法是什么？检查他们在自己的申请表格上所填写的东西。在实际应用中，这个方法不会妨碍我们采用正式的人格测验，人格测验也强调在评估中采用多维度的方法。这样做的确是一个好办法。

华盛顿人寿保险公司（亚特兰大，佐治亚州）的科洛尼·托马斯·彼得被称为“生活历史分析方法”的发明人。早在1894年，他在芝加哥保险商会议上提出了改进对人身保险从业员的鉴别方法的建议，这是当时日益繁荣的保险业所面临的非常棘手的问题，“是否每个经理负责的所有申请人都要来答一张标准化问卷？这些问题包括现在的居住地址？最近10年的居住地？出生日期和地点？婚姻状况？日常生活是否依靠帮助？房地产状况？最近10年的职业？是否具有保险推销经验？在哪家公司工作？为哪些客户做代理？什么时间，什么地点？如果有任何没有解决的问题，请说明？推荐人？”

从今天的角度来看，这样一些问题显然已经足够了。当时，彼得向一位对此饶有兴趣的听众解释说，他所在的佐治亚人寿保险协会的会员很早就使用这样的格式，并且收到了良好效果。后来，在第一次世界大战期间，工业心理学家精炼了搜集申请人个人历史的信息栏，对这种问卷作了更新。

最大的突破是1922年心理学家罗伯特·古德史密斯的

基础性研究。他从500人的样本中挑出评分水平是高、中、低的各50名申请人的资料，然后检查了一遍。他的目的是什么？为了确定在统计上相关的个人历史的一些特殊性质，由此预测他们将来的职业成功。

古德史密斯计算了不同因素的权重，如年龄，教育，婚姻状况，俱乐部成员身份，先前职业，先前人寿保险推销经验，是否拥有自己的人寿保险和他们对以下问题的答案，比如说，“我确定自己每月在人寿保险账户上存多少钱？”结果发现，其中一些因素的预测效力要高于其他因素。当分析工作完成的时候，古德史密斯又有效地区分出3种类型的推销员，于是他将自己的常规申请表格变成了后来著名的加权申请表格（weighted application blank, WAB)。

这个潜在的统计分类方法对拥有汽车保险的人来说是非常熟悉的。保险公司只要根据统计数据——如果进行面试或心理测验就不划算了，就可以分析出哪种类型的司机更容易出车祸，于是就要求他们多付保险费（比如那些曾经有交通违规或交通事故记录的司机，在地理环境复杂的地方生活的司机，长途驾驶的司机，赛车车手等)。

在缺少劳动就业法规的时代，由于学业成绩、工作经验、家庭背景等因素对于工作的重要性，造成了WAB在20世纪30~40年代被劳动部门和机构广泛采用的现象。私人或公共的组织也发现这是一个非常有价值的招聘测试工具。举例来说，一项对芝加哥百货商店的女店员的研究

表明，根据个人资料的数据分析，最理想的申请者是受过良好教育的寡妇，年龄在 35 ~ 54 之间，有孩子，至少要有 5 年的销售经验，而且很好笑的是，她们最好是身材较矮，体重超标的。

这是否意味着生理超标的妇女能够提高销售上的效率呢？仅仅是可能，而不是必然。一条重要统计学定律就是“相关不等于因果”。因此，可能出于其他什么原因，或许百货公司挑选出来的高一点、瘦一些的妇女会更快地离开。

申请表格上的问题什么时候大规模地变成了多项选择，还不是非常确定。但是在第二次世界大战中，美国军队大量地使用这种问题，从中获益匪浅。美国的陆海空三军都采用多重选择题来评估个人生活经历，通过这个方法筛选士兵，训练军官。到了 1957 年，美国募兵办公室报告指出，经过 16 年研究，个人资料表格方法是最稳定，也是最成功地预测士兵和战术指挥官的领导能力的方法。同时，募兵办公室也注意到，经过精心设计的问卷可以很准确地预测和判断军官候选人是通过选拔顺利升迁，还是符合辞退标准。

新泽西标准石油公司进行的一项历时几年的大型研究中也发现了同样的情况：运用个人资料可以准确地预测个人将来的管理能力。比如说，那些最有能力胜任行政工作的人员，就是那些在校园中就已经很有竞争力，寻找担任领袖机会的学生，他们认为自己是有领导能力的，能够支配别人的，往往果断自信，作风顽强。

标准石油公司所收集的个人资料中一些特定因素对心理学家来说是非常熟悉的，比如，是否有旷工记录，是否在当地出生，是否有一个现任的员工推荐，是否拥有住房，是否已婚，是否加入了某个俱乐部或组织，喜欢参加什么运动项目。相比之下，另外一些因素明显不如前者熟悉，如在乡村或是小城镇长大，另外还有更奇怪的用于预测雇员盗窃行为的问题，如 1）“如果发生紧急情况却不想与亲属联系”，2）“不使用名字缩写中间字母”，诸如此类的问题。

弗洛伊德的概念统治了像罗夏墨迹测验、明尼苏达多重人格问卷（MMPI）和小黑图测验等人格测试的解释分析，诸如“口唇期固着”，“肛门期遗留”等概念，这些概念的实际相关性极低。个人资料分析法是在这样的背景下出现的，因此，尽管它信度很高，对它的使用却受到学术心理学家的严厉批评。许多心理学家由于这种方法缺乏概念性基础而感失望——它们几乎与现存的各家人格理论，不管是弗洛伊德、阿德勒、荣格还是人本主义的，完全不同——这一理论不能够阐明自己的理论背景，不能解释从不同测试项目中得出的结论。因此，1960 年，赫伯特·奎恩，一位非常有影响的人格理论研究者，讽刺道：“那些测验程序都是极端的经验主义，分数往往是高度异质的，代表了乱七八糟的信息复合体，像是解不开的乱麻。”另外一位理论家则悲观地说：“一个问题为什么可以预测成

功或不成功并不重要，只要它可以预测就行。”

尽管存在这些对个人历史分析法效度的批评，但是到了今天，它的价值已经得到承认，被称作是理性建构的个人资料测试。关于这个方法，理解下面这句话是至关重要的，“预测未来成就的最好指标是过去的表现”，这几乎是对个人资料测试惟一的理论支持了。

在教育和临床心理学领域，也证明了过去的成绩是预测将来成绩的最有效的方法。例如，从统计上来说，抛开与学术性向测验有关的各类测验，能够最有效地预测一个人在大学中的学年平均分（Grade Point Average，GPA）的是什么呢？正是高中时候的GPA。虽然我们有了精心设计的临床量表，如贝克抑郁量表、贝克绝望量表，还有罗夏墨迹测验、MMPI，但是预测一个抑郁的男人或女人自杀倾向的最好指标，就是过去这个人是否有自杀的行为记录。

39个个人资料项目样本*

1. 婚姻状态
2. 父亲教育水平
3. 父亲职业
4. 母亲教育水平

---

* 改编自《斯通和琼斯》（*Stone and Jones*），1997。

5. 母亲职业
6. 出生顺序
7. 家庭规模
8. 在成长过程中家庭的幸福程度
9. 与父亲或母亲的关系
10. 怎样学会驾驶
11. 童年时的体育活动
12. 母亲帮助购买衣服的程度
13. 母亲帮助完成作业的程度
14. 青春期的约会
15. 父母亲的管教
16. 家庭总体收入
17. 家庭总体经济水平
18. 是否考虑过高中退学
19. 高中毕业时年龄
20. 高中时候的兴趣
21. 高中学校规模
22. 高中 GPA（学年平均分）
23. 高中等级
24. 如何解决青春期问题
25. 大学规模
26. 大学里的学习时间
27. 职业偏好
28. 行政潜力

29. 工作速度
30. 被同伴欢迎的程度
31. 参加俱乐部的情况
32. 休闲活动频率
33. 休闲活动类型
34. 目前正在解决的复杂问题
35. 生气时候的行为
36. 驾驶技术
37. 头疼频率
38. 是否做过飞机模型?
39. 你自己修理汽车吗?

ICP 系统（Initial Career Profile System）是当今美国使用最多的个人资料测量工具，最初它被称为性向索引测验(Aptitude Index Battery，AIB)。这个系统在保险行业中受到格外的重用，并且许多公司拿它来筛选符合自己要求的销售代表。每年大约有成千上万的应聘者参加 ICP 系统的评估。回到 1919 年它最初的形式上来看，ICP 综合了个人资料各种项目的测试手段，内容涉及教育水平、工作经历、经济状况、组织成员状况，同时还包括爱好、个人兴趣、人格特征等等。

通过多年的精心修正，ICP 被设计成测试应聘者在工作稳定性历史、对现有工作的责任心和社会活动范围等方面性质的测试。组织心理学家发现，这些因素对个人在生活和事业方面的前景是具有预测性的。

ICP 的效果到底如何？结论还不确定。低分的候选人显然是不成功的保险销售人员，他们在从业时间和工作效率上的表现都不太令人满意。但是，许多 ICP 高分的候选人同样没有成为成功的保险销售人员。结果，起码在这个领域里挑选富有效率的销售人员的时候，个人资料还需要其他测量方法支持，这样才可以达到最佳效果。实际上，这种折中是这个行业大部分公司通行的做法。

这些年来，美国海军已经使用了一个非常简短的加权申请表（WAB），并且与认知测验相结合，一起来挑选应征人员。在海军的加权申请表中最突出的测验项目是完成学业年限，驱逐或暂时离开学校的年限，征募年龄，现有的主要供养者。在一份 65,000 人的样本基础上，海军心理学家发展了一种可能性 - 有效性统计表格，这个表格允许招募人员根据申请人的年龄、教育、认知能力和供养者人数读出申请者“工作留存”（job survival）的可能性。

在个人资料调查问卷中，男女得分是否相似呢？科学的回答一般是否定的。因此，美国海军根据性别使用了不同的预测工具，就像以色列安全部队采用的一样。至于保险行业的 CPS（Career Profile System），可以同时对男女施测，但是它的得分根据性别是不同的。相反，美国电话电报公司使用的个人资料调查问卷在应聘者中应用时没有发现性别差异。它的设计者评论说：“相同的经历和兴趣塑造了同一性别的成功经理人，这同样可以推广到另一性别

上去。”

今天，越来越多的心理学家正在追寻一种更具人格理论底蕴的个人资料测试方法，追寻更加有创新性的设计。在这个过程中，美国华盛顿研究学会的迈克尔·麦姆福德博士适时地宣布：

> 背景资料研究者反复说到一条古老的格言“过去行为可以预测未来成就”。这一陈述尽管看上去很直白，但它带来的答案却与它产生的问题一样多。什么是我们根据背景资料可以预测的绩效呢？一个人生活历史中的哪些方面是我们应该用来预测绩效的呢？我们怎么才可以比较处在不同情境下的人的特质呢？

举例来说，他们不要求职者在教育水平、俱乐部或公民组织成员，或者父亲职业等传统项目上的资料，麦姆福德博士及其同事设计了一套新的测验工具，用于探测被试者在自己职业中的“关键事件”，如怎样处理预算或日程危机。

另外一个最新技术是要求应聘者写出一些关于特定主题的文章，如“描述你工作中引以为傲的成就”，“描述一项你认为是有回报的项目”，或者“描述一个让你自己感到有压力的工作情境”。

合法性考虑

与人格和认知测验一样，个人历史法测量工具必须遵守就业平等委员会手册和美国残障法案手册。尤其是当工作应聘者感到个人资料测试与访谈相比更为不公平，对隐私侵犯更多的时候，更可能触发法律问题。因此，雇主在申请表格和个人资料的项目规范上变得非常小心，那些曾经是非常直接的项目（比如姓名、地址、国家地区/出生地、是否服役、工作日程等等），现在要求非常仔细地规范。

举例来说，雇主了解申请人的未婚姓名或曾用姓名是合法的行为，但是名字经过法律更正，如果再询问，那么就是非法行为。与此相似的是，询问申请人的住址、居住时间是合法的，但是查究申请人在国外的地址，包括他的国籍都是非法行为。

与人格测验一样，如果个人资料工具不小心造成了负性冲击，例如属于少数民族，对雇主的要求就是必须提供问题与职业的相关性。一般 WAB 和个人资料问卷具有非常好的预测效度，但是它们的表面效度一般非常小，甚至是没有。结果，对一个公司来说，在法庭上证明为什么一个名字没有中间字母缩写的人更容易发生盗窃行为是非常困难的事情。

侵犯性考虑

除了合法性方面的顾虑冲击了个人资料在今天职场上的应用外，另外一个造成许多公司对个人资料工具非常小心的因素是：申请人常常认为个人隐私受到侵犯。在经济相对困难的时期，许多参加面试的人不得不忍受回答他们想忽略的、涉及个人资料和生活风格的问题。然而在今天这个经济空前繁荣的时代里，许多行业的员工知道自己对企业所发挥的重要作用，因此更愿选择一个工作环境相对友善的组织。

目前，在人力资源领域涉及个人资料使用的问题受到了相当大的关意。日趋增多的专业文献警告人们不管测验的科学效度和合法性如何，一些类型的个人资料测试方法确实吓跑了许多潜在的、有能力的员工。一些申请人刚刚走出了人格测验大门，而另外一些人则断然拒绝了公司的录用，因为他们觉得参加挑选过程有失身份，它侵犯了自己的隐私。

什么类型的个人资料的条目会引起员工最大限度的不满？最近的研究表明，四类项目导致最大的抵触情绪：1）一些容易让人担心的描述，2）令人担心引起童年创伤性事件的回忆，3）性问题，4）宗教。当然，最后两类问题属于非法范畴。至于前两类问题，专业人士会小心翼翼地对付，以免引起申请人的抵触情绪。

现有研究结果显示，题目的表面效度是关键：题目越是在内容上显得与职业工作相关，即使是肤浅的，申请人也认为它是合理的（至于他们是否会实事求是地回答则是另外一码事）。比如说，保险销售人员非常愿意回答这样的一些问题，“你前一个工作干了多久?”而不是这样的问题，“在过去的5年里你去了几次赌场?”

还有同样确凿的证据显示，申请人非常讨厌个人资料中这样的题目：探测自己的童年或青春期（比如说，“你在小学的时候有几个朋友?”“你在高中时候经常约会吗?”)，涉及父母性格的题目，甚至还包括一些非常简单直接的问题“你母亲的职业”或“你父亲的教育水平”等等。尤其是许多外籍工人身处美国的劳动市场，关于父母出身的问题可能会被理解为造成负性冲击，比如国家歧视等等。为什么这样？因为许多经济不发达国家，比如从萨尔瓦多、墨西哥到巴基斯坦、塞内加尔等国家，大多数居民没有接受过高等教育，不具备白领工作经验。

但是有趣的是，在人们对潜在侵犯性问题作出反应的方式上，性别扮演了非常重要的角色。这个问题还没有确定的结论，没有一个心理学解释可以令人信服地说明这个现象，但是涉及童年期、青春期、目前活动和兴趣、经济状况和职业经验等问题的时候，男人的抵触情绪远远超过女人。只有一个例外，当问题涉及婚姻状况的时候，女人比男人更感到这是对隐私的侵犯。当然，在招聘过程中提

出这个问题是不合法的。

个人测量资料的转化

就像所有的心理测量学家必须对人格测验中可能存在的文化偏见和误差保持足够的敏感一样，对个人资料也同样需要保持这样的警惕性。一般来说，研究结果可以表明，在这点上，个人资料测试方法不能够像能力测验，甚至人格测验那样。个人资料测试除了一个很明显的要求——确保翻译准确以外，还需要考虑不同文化规范和变量。举例来说，在欧洲、南美和亚洲等地绝大多数国家，房屋所有权的概念不如美国那样普遍，因此在这些国家把房屋作为经济稳定性指标，相对来说意义较弱。同样的，墨西哥或秘鲁的家庭平均规模比美国要大。因此，这个因素可能在预测效度上是完全不一样的。

高中文凭在纽约、伊里诺斯、佛罗里达的价值基本上是相同的，但是在巴基斯坦、多米尼加共和国等地，却是完全不同的两种样子。类似情况是，除了英国以外，“你通过了多少个O等级?”这一问题在教育体系里面是没有意义的。

加权申请表和个人资料测试方法不但具有文化特异性，而且开始将测试所要面对的组织的特性考虑其中，将测试研制的标准考虑其中。比如说，一份可以预测上司对申请人等级评估的加权申请表并不能预测申请人可能的任期，反之亦然。

正是由于这个原因，尽管个人历史数据可以很好地预测将来的工作绩效，但是它很少被用于行政管理人才的选拔上。传统个人资料预测模式是在单一情境下对工作绩效进行预测，不能够很容易地被转换成其他形式。

个人资料的信度

最后我们要说明，虽然个人资料问卷较于人工研制的性格测验具有多方面的优点，但它不可避免地要涉及信度问题。尤其是学院派心理学现在提出按照个人历史信息进行基层招聘和升迁培训决策，其中存在两个问题：1）一个人在多大程度上可以回忆起自己过去的行为和经验，2）一个人在多大程度上愿意准确报告自己过去的经验和行为？

最近的研究结果带来一个好消息，成年人一般有能力准确报告自己在职场中的经验。然而另外也有证据非常清楚地证明，当我们把成年人报告与其父母对自己孩子早年行为、性格特征和兴趣的回忆相对照的时候，却发现成年人的报告中充斥着严重歪曲和言过其实的地方。同时，研究也显示，我们对自己童年的记忆是极度不可靠的，这种不可靠的严重程度使得认知心理学家现在接受了一个关于

记忆的新概念：记忆是对过去进行不断的心理建构的过程，而不是一个简单的照片或电影式的记录。

有趣的是，维也纳心理学家阿尔弗雷德·阿德勒，他在很长时间里是弗洛伊德的反对者，曾经在自己的治疗工作的基础上，在20世纪早期提出了这一观点。在阿德勒的眼里，不管我们的记忆如何地丰富多彩，它们总是反映了我们自己现在在成年期的人格，而不是一个客观的真实。因此，一位申请人对自己早年生活所谓的忠实反映，实际有可能是受到了严重弯曲的。

那什么是有意错误？当申请者故意撒谎时，传统的WAB测试就会出错。人们在真实的应聘情境中对自己的简历做假的频率如何？最近的研究得到了一些彼此冲突的证据。这些证据说明了人们在现实生活的应聘情境中实际说谎的频率。几乎所有的专业人士都认为，类似的做假行为在近10年来有着显著的增加。最典型的是对自己最近薪水和受雇时间的夸大，应聘者甚至把一些自己的兼职工作说成是全职工作。他们还经常会歪曲自己最后离职的原因，歪曲自己对前任雇主的满意程度。

个人资料问卷与加权申请表相比，更像人格测验一些，而且明显地能够被捏造，特别是涉及更为深入的社会期望问题时。在美国社会已经发现，人们在问卷或调查中，会在涉及性行为、宗教信仰、身体锻炼、选举和光顾快餐厅等问题上说谎。

例如，在市场调查和投票表决调查中，如果社会科学家只相信他们自己精心设计的个人资料测评的结果，那简直是天真无知，因为美国人在现实中有更多的性行为、更多的宗教以及政治因素。因此，从个人资料测试中获得的数据（大部分的答案经常是“正确”的），必须与其他途径（包括人格测验）中获得的结果进行整合。

第7章

你是什么类型的人？迈－布二氏类型指标

在当代商业社会中，传统的人格研究没有得到太多的尊重。我们来看一下实际情况：绝大多数的经理和行政人员认为心理学对于实现经济利益的要求来说，实践意义不够，甚至可以说是不切实际的。与工程、化学等领域相比，心理学看起来连基本理论都充满不确定性。一般来说，很少有企业组织要求深入地了解心理学概念，一般很简单地了解就够了。

MBTI（迈－布二氏类型指标）是如何成为今天职场中最流行的问卷的？这是一个历史性谜团。每年大约有 250 万的男男女女参加 MBTI 测试，测试目的涉及职业规划、管理和领导方式培训，大多数的大公司企业，包括安泰人寿保险（Aetna Life and Casualty）这样的公司，在团队建设等日益重要的任务中已经多年成功地应用 MBTI。

MBTI 来源于瑞士心理分析学家卡尔·荣格深奥的理论。荣格最初与西格蒙德·弗洛伊德交往密切，但是在 1912 年，荣格与他决裂。荣格认为弗洛伊德是一位伟大而固执己见的思想家，他对童年期性欲的过分强调，在理论上已经站不住脚了。在接下来的十几年里，荣格稳步发展自己关于人格的研究方法，他称之为分析心理学。他划时

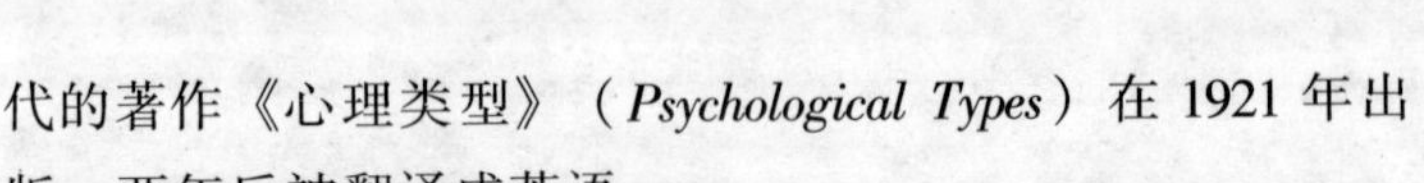

代的著作《心理类型》（*Psychological Types*）在 1921 年出版，两年后被翻译成英语。

作为新教徒兼牧师的儿子，荣格一直对炼金术、神学、宗教象征等问题怀有浓厚的兴趣，他认为所有的这些问题对于理解我们的内在世界都是有关的。在他整个学术生涯中，荣格一直在钻研神秘主义和超常能力，这样的兴趣使得荣格的研究工作与美国主流心理学研究保持了很远的距离。一直到 1961 年逝世，荣格关于人类本质和成长的思想对于大多数心理学家和咨询顾问来说依旧是非常晦涩难懂的。

与其他任何测试或资料相比，MBTI 无可争议地将荣格的思想普及到了广泛的人群中去，MBTI 本身既不是专业心理学家也不是治疗师制定的。相反，它的设计者是新闻记者凯瑟琳·布里吉斯和她的女儿，小说家伊莎贝拉·迈尔斯。从 1923 年布里吉斯第一次怀着兴奋的心情阅读了荣格的《心理类型》英文版开始，一直到迈尔斯在 1980 年，享年 82 岁逝世的时候，在这漫长的 50 多年的时间里，两位先行者成功地演绎了业余心理学家的角色，并且成为在男人占统治地位而且要求特殊技术的心理测量学领域里杰出的女性。

有趣的是，荣格自己从来没有直接介入到 MBTI 的设计中去。从 1927 年开始，凯瑟琳·布里吉斯定期地与荣格通信，10 年以后，当荣格在耶鲁发表自己著名的 Terry 演讲的时候，她去纽约和荣格见了面，当时有伊莎贝拉作陪。凯瑟琳告诉荣格，在他的《心理类型》出版以前，自己就已经初步建立了一套关于人格类型的理论，但在读了荣格的著作之后，她烧掉了自己的笔记。荣格回答说，她不应该烧掉自己的笔记，因为它们可能对人格类型理论做出新的贡献。后来，荣格把自己笔记的副本赠送给了凯瑟琳。

大约过了13年，到了1950年的6月，伊莎贝拉和母亲开始计划她们的第一次出国旅行，她们写信给荣格，希望能在苏黎世见到他。那时母女二人已经出版了后来称为布里吉斯－迈尔斯人格类型量表的几个早期版本。量表A在1943年已经取得了版权，但很快被量表B所超越，它是在量表A基础上进行修订的。在1944年，量表C完成，迅速地在银行业的员工预选中得到应用。在战后的岁月里，精力充沛的迈尔斯使得人力资源官员和学院派心理学家对MBTI发生了兴趣，这里面包括唐纳德·麦基农，他是加州享有声望的伯克利人格测试协会的创建者。

“您没有理由去记住我”，迈尔斯在给荣格的信里谦虚地说道，“战前我在纽约您答应我母亲的采访中见过您一次。”简单地回顾了那次见面以后，伊莎贝拉写出了关于自己的测试的长达3页纸的介绍，“其中心理学的洞察是我的母亲完成的，具体工作和效度资料是我负责的。”然后，她在信中附上了一份量表C的样本。但是她最想和荣格探讨的东西，迈尔斯说，“就是类型测验发展中的一些缺陷。”

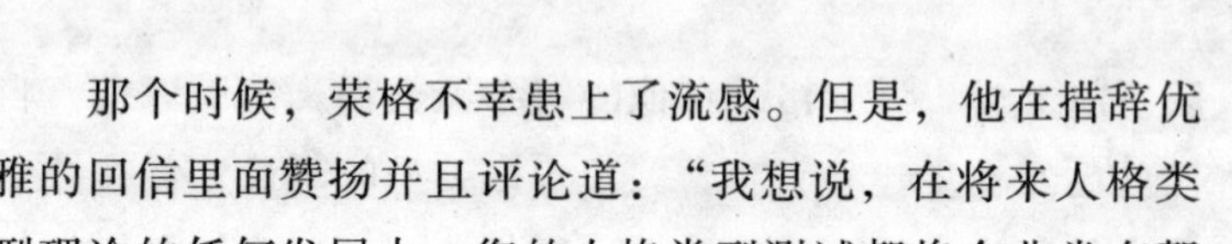

那个时候，荣格不幸患上了流感。但是，他在措辞优雅的回信里面赞扬并且评论道："我想说，在将来人格类型理论的任何发展中，您的人格类型测试都将会非常有帮助。"此后他们两个人再也没有见面。

在 20 世纪 50 年代早期，迈尔斯最终决定将 MBTI 作为自己毕生的事业，因而不十分情愿地将写作工作搁置到一边。1957 年，她取得了重大突破，美国教育考试服务处（ETS）同意出版这套测试工具，在以后的岁月里，MBTI 被定期进行修订（从量表 C 一直更新到量表 E）。1975 年，位于加利福尼亚 Palo Alto 的咨询心理学家出版社（CPP）成为 MBTI 从量表 F 开始的新的发行人。在自己逝世前几个月，也就是 1980 年的春天，迈尔斯在第三届 MBTI 学术会议上庆祝了 82 岁生日。

今天，MBTI 的量表 M 包含 93 个项目，是使用最广的问卷。由于它作为研究工具具有悠久历史和实用性，从 MBTI 中产生了 400 多项研究工作，包括超过 1,300 篇的博士论文。《心理类型杂志》迄今为止出版了 49 卷类型学的研究著作。

16 项表格

虽然卡尔·荣格对 MBTI 的实际参与很少，但是他的理论体系在其中占据了核心位置。根据迈－布二氏类型理

论，我们每个人从出生开始，就先天具有人格偏好。它们是四对互相对立的人格偏向：

外向性（E）Extraverted	内向性（I）Introverted
感觉（S）Sensing	直觉（N）Intuitive
思考（T）Thinking	情感（F）Feeling
判断（J）Judging	感知（P）Perceiving

这是非常重要的反映偏好的八个描述特征。在这点上，荣格主义者举了一个左右手的比喻。如果你是个右撇子，这并不意味着你从来不用左手，只是比较而言你更偏向于使用右手：你的偏向非常强烈，甚至是完全的。上述的其他三个偏向也是如此。你可能在大多数事情上表现出偏向一种特征，在少数事情上是相反一种，或者你认为自己两者兼而有之。然而在每一对特征中，你肯定会偏向其中一种，你更依赖或很自然地偏向它。

根据迈－布二氏类型理论，我们在个体早期生活中就发展出了一套行为倾向，并且一直保持终生。比如说，一个性格外向的人几乎不可能变成内向性格，反之亦然。当我们到了成熟阶段，越来越变得有意无意地依赖这些倾向，并且从中建立自信，获得内在动力。

我们来简单地检验一下这四对倾向。第一对是内向性与外向性。毫无疑问，这是荣格理论中最著名的特征，在这些人格特质中，它们最早得到确认和测量。它们说明的

是个人的情绪聚焦是倾向于指向外部世界的，还是指向内心世界的。

绝大多数人一想起外向性格，脑子里就出现嗓门大，爱说话的印象，内向性格的人则是安静，容易退缩。但是这种描述还有着更为广阔的重要性。它们本质上是一种特征的两个端点，这个特征是关于个人能量的来源的：它使人感觉到积极，有活力，或者相反，精神委靡，缺乏活力。

下面是一个生动的例子：在一个吵闹、喧嚣的聚会里，有些人会很快地变得活泼、兴奋，甚至激动，发现自己像是充了电一样。而有些人恰恰相反，在同样的环境里面，很快会感觉身处冰窖，枯燥无味，甚至在情绪上变得麻木。在商业世界里，外向性长期以来都和高超的推销能力联系起来，因此相当受欢迎。它还与办事干脆、脸部表情丰富等相关。相反，内向性一般受到批评，认为是学究气，自我关注，我们很少从脸部表情和情绪中看出它的特征。

这仅仅是表象的观察，为了避免陷入表象的陷阱，我们非常有必要理解热情和可爱这两种品质，如今在心理测量学中被称为“愉悦”（见第9章讨论），它们从外向－内向的维度中被分离出来了。有很多外向的人表现出来的是冷漠、不友善（密歇根心理学家露斯·瑞伏司〈Russ. Reeves〉博士恰当地指出，他们“一副死气沉沉的眼神，却是汽车推销员类型性格”）。有许多内向性人格的人却富有同情心，对待同事和蔼友善。外向性与内向性的最主要差别在于，外向性总是躲避孤独，寻找群体，而内向性的人是躲避拥挤人群，偏好相对的孤立。

迈－布二氏咨询人员估计，75%的美国人是外向性人格，在销售和公共关系职业中，这个百分比可能会更高一些。这些人喜欢参加会议和工作团队，在伙伴中喜欢发表新的主意见解。内向性人格的人有时候被认为是害羞或冷淡的，因为他们很少积极地发起或参加会议，筹划讨论会、聚会或者社交活动。在职场上，传统观点认为，内向性的人应该从事一些相对孤独的工作，如计算机编程、会计、研究或职业写作。

然而，曾经被认为适合内向性人从事的工作，现在越发地被认为最好由善于团队工作的个体来担任。由于这个原因，如果没出现被解雇的情况，一个外向的会计、金融分析师或者电脑程序员与他们的内向同事相比，更容易升迁到行政职位和经理层。

第二对是感觉型与直觉型。它们是指我们如何收集这个世界的信息。感觉型性格倾向于从特定问题上寻找特定解释，喜欢切实可行的实践任务与结果，关注现状，偏好数据或事实，而不是想像，对特殊的工具充满渴望。他们偏好文字和序列。与之相对照的是直觉型性格，他们以思维和理论建构为乐趣，他们对普遍性的追求远远胜于特殊性，他们的偏好是用比喻、随意的方式获取信息。据估计，大约65%的美国人属于感觉型。在绝大多数企业中一

直强调感觉型，它可以使员工从事日复一日的行政和操作性工作。直觉型的人通常被视为拥有一个“云雾式的大脑”，不能够胜任实践事务。

第三对是思考型和情感型。这指的是我们在搜集了足够的信息后，如何做出决策。思考型的人物总是以自己的逻辑性、分析能力、客观和非人格化为荣——坚信正确比喜欢更重要，他们过分依赖逻辑和理性，差不多所有的企业的构架都喜欢让思考型人物来担任上级或管理工作。

情感型人物对和谐的追求要胜过公正和纯粹，倾向于过分让自己迎合别人的需要，认为一个“好”的决策就是要替别人考虑。在严肃事实面前，他们偏向从主观出发，注重人际关系，用温和方式去做出决定。有意思的是，研究者发现，思考和感情是惟一与性别相关的。大约 2/3 的男性属于思考型，同样比例的女性属于情感型。

最后一对偏好是判断型和感知型，它们指的是人们怎样来决定自己的生活。一些迈－布二氏理论专家认为，这对偏好是职场压力最大的来源。判断型喜欢决断、计划性、准时、秩序、整洁，组织性强，按部就班，喜欢控制局面。“各就其位，各司其职”是他们的座右铭。相反，感知型喜欢弹性、自主、适应性，讨厌结构和程式。一般来说，判断型人格比较容易在政府机构、大企业等层级结构单位中看到，感知型人格更喜欢尽量少规定约束，自己管理安排自己的时间，通常是自由职业者，或是创业者。

对于熟悉 MBTI 的人来说，在了解一个员工的过程中，最重要的问题是去评估他的类型。根据4种特质，一共有16种可能性。这些组合对了解每个人在不同情境下的基本特征和行事风格来说，可以提供一种心理学上的速写。结果，我告诉你我是一个INTP，但是我的合伙人是一个ESFJ，这对于熟悉这一系统的人来说，传达了大量的信息。M－B系统也包括一些下属的概念，我们人格构成和行为中的次要职能，但是这些对我们日常生活的影响比较小。

近年来，迈－布二氏类型理论专家特别强调了自己理论系统中的四种气质，它们由两个字母组合构成。第一个字母是S或N，第二个字母由第一个字母决定。比如说，直觉型偏向于抽象和概念化地收集信息，它们第二个非常重要的偏好就是如何评估收集的信息：客观地（思考型）或主观地（情感型）。那么对于直觉型来说，基本气质就是NF和NT。

NF类型占美国人口的比例大约是12%，世界人口中也差不多是这个比例。一般来说，他们是理想主义者，他们的工作可以创造高尚的人文价值：教育、咨询、人文科学、宗教和家庭治疗。积极和理想主义的本性使得NF不容易成为上司，他们倾向于给员工宽松的条件。他们倾向于将工作问题人性化，他们的情感容易受到伤害。对于他们来说，最重要的是工作环境和谐一致。

NT型在美国人口中所占的比例也是12%。他们的工作动力来自让每件事情智能化的目标。他们坚持自己的标

准，以有能力胜任作为基准点，他们总是不懈地追求优秀。他们经常被别人认为是冷漠、狡黠的势利之人。在工作中，NT型总是战略的设计者和研究者，但是他们会在这些战略中迷失，从而忽视日复一日的工作。

如果你是感觉型的，你所喜欢收集的信息则是具体的，它们是关于策略性的。那么第二个非常重要的倾向不是你如何评估这些数据，而是你如何处理它们：你对它们进行组织（判断型）还是继续收集它们，甚至还要去搜寻更多的（感知型）。因此，对于感觉型来说，最重要的气质组群是SJ和SP。

SJ类型的人往往从属于富有意义的组织机构。爱好实践，同时充满现实主义，他们占美国人口的38%，并且在组织中日趋兴旺，他们的力量在于行政能力强、独立性和挑战性，尊重组织的层级关系。

SP关注的是问题的快速解决和各种任务。他们的要求就是马上行动，他们喜欢的是立竿见影的行动，自身体现出实践性强，足智多谋等特征。这种类型的人在美国人口中占38%，他们所追求的是快速的、高回报的工作：消防员、急诊医生、机械师、农艺师、建筑师和维护工作人员、木匠，以及一切与技术密切相关的职业。

那么根据迈－布二氏类型理论，人们的情绪是如何变化和发展的呢？人格成熟来源于从自己的倾向功能中获得能力，加强非倾向能力，综合与灵活运用各种功能。

迈－布二氏理论应用

上述所有的东西在实践中意味着什么呢？最近几年来，组织咨询人员在诸多领域采用了MBTI，比如时间管理、目标设定、团队建设、问题解决、压力管理、领导训练和冲突解决等方面。

MBTI新出现的最主要的应用领域是职业规划。传统的职业测评方法，像斯特朗职业兴趣调查表（Strong Vocational Interest Blank），还有最近的由约翰·霍兰德博士设计的自我导向搜索（Self－Directed Search，SDS），是将特定职业，如教学、销售和科学研究等，与职业相关兴趣相联系，而MBTI提供的是一个更为广阔的议程安排。纽约环球技术研究所的职业规划咨询师艾兰纳·艾斯林指出："我们的学生在决定变换自己的职业时，在开始面试过程时，或者是仅仅打算了解与职业相关的偏好、优势和缺点时，他们会使用MBTI量表。许多人对结果非常着迷。这个测验也同样适用于那些参加工作，但是对自己所作所为不满的人。"

艾斯林举了一位律师事务所经理的案例。在好几年时间里，她是一个活跃，却不成功的女演员。"测验的结果显示，她与艺术天赋没有一点相关性，比如在直觉型和情感型方面。相反，她的得分显示，她非常实际，关注细

节，属于感觉和判断类型性格。实际上，她非常适合行政工作。当我们谈得更深入一些的时候，她真正的问题就非常明显地表露出来了，根源来自她与一位成功艺术家的稳定的婚姻，这位艺术家有着非常独特的迈－布二氏类型性格。于是这位女士就拼命地试图让自己仿效自己的丈夫，认为自己是一名生不逢时的女演员，实际上她根本就不适合演员这个职业。”

艾斯林的俄裔身份也折射出纽约大都市具有的多民族融合性质，她同时发现了 MBTI 对于训练将要参加面试的外国学生非常有用。

> 毫无疑问，俄国人比美国人要内向得多。从我自己个人的经验来说，他们在情感、直觉上依靠的更多，也许还有感知。那些来自不怎么外向的文化中的人，比如许多亚洲人，不得不去学会适应招聘面试过程，否则给人的印象就是缺乏好奇心，冷漠。在美国，如果你在说话时不看着面试官或上级的眼睛，那就意味着你在撒谎或逃避什么。但是在中国人、日本人，还有俄罗斯人的观念中，这种表现意味着尊重。对于那些来美国工作的人来说，通过训练变得外向是非常必要的。为了给对方一个好印象，应当学会以更活泼的方式说话，用眼睛进行更好的交流，握手时要坚定等等行为。

在这个想法的启发下，最近开展的一项MBTI研究涉及的对象集中在救济院的志愿者，他们主要由男性大学生构成。与一般大众相比，他们属于更外向性、直觉和情感类型。实际上，其中75%的人都是属于外向型的，而超过75%的人属于情感型。数据结果指出，感觉型与直觉型和职业选择最为相关：在志愿者当中最普遍的类型是INFP，接下来是ISTJ，ISTP，ISFJ。正如研究者所指出的，IST类型的人格一般可以被典型地描述为爱思考的现实主义者，他们善于以非人格方式去处理“严峻的现实”，从而在对待外部世界的时候表现出非常务实、实事求是的态度。他们的内向和思考维度导致了自己疏远日常社会交往，这使得社交技巧发展最为迟缓。

MBTI同时也涉及对雇员健康和旷工的看法。一项对成年冠心病患者的研究显示，此病在感觉型和情感型人格中发生的比例特别高（比如SF，特别是感觉型）。这些人倾向于关注即时的经历，发展出了现实主义的态度，对细小事情耿耿于怀，注重实用性。他们同时还有很强的发号施令的欲望，当事务繁忙的时候，虽然可能会变得不耐烦，他们仍旧忠于职守。感觉型性格的人不喜欢新问题，除非这些问题可以用标准化方法去解决。

相比较而言，情感类型倾向的人善解人意，需要爱与温暖，追求和谐的工作环境。研究表明，这样的性格是预防冠心病或者其他类似慢性疾病发展的缓冲器。

底特律的心理咨询师露斯·瑞伏司博士把MBTI应用于

行政训练已经达10多年之久。“根据我的假设，你不是要去改变人们，而是要发现他们是怎样的人，发挥他们的长处。通过MBTI，你会发现如何扬长避短。”瑞伏司博士发现MBTI的优势首先在于测试项目没有侵犯性，经理人和行政人员都会严肃认真地看待自己的人格测验结果，“在它的应用中，你不需要询问关于性、关于如何上厕所、关于如果要做大逆不道的事情之前你是否想喝点什么诸如此类的问题。这是一个有效的，没有侵犯性的，可以提供大量有用信息的测试。”

瑞伏司博士还发现，MBTI作为团队建设的评估工具十分有效。“如果你是在一个信任感不错的组织中，那么你可以要求所有的行政人员参加测试，并且鼓励他们和他人分享自己的测试结果。这可以帮助人们了解如何更好地与人相处。比如，劳瑞会意识到，他和卡伦在会议安排与日程设置上总是明显地意见不一致，这不是由于卡伦故意刁难，而是卡伦属于感知型人格而劳瑞则属于判断型人格。”

“通过了解他们的人格类型，比较双方差异所在，你们在组建团队中可以综合他们的类型。比如说，你可以把一个内向－判断型人格的人和外向－感知型人格的人组合在一起，这样你就可以扬长避短，发挥每一个人的优势，避免各自的不足。采用这种方法，让一个关注细节的人和一个筹划全局的人组合，这样可以取得更大的成功。这种方法不仅能够使每个人发挥出自身的优点，也可以弥补他人的不足。”

当然，MBTI并非无可挑剔。比如说，对于它“非此即彼”的人格特质分类法，即使许多积极使用MBTI的研究人员也常常感到困扰。虽然他们认为把人格分为内向和外向是有意义的，但是如果像MBTI所说的每个人的人格不是属于外向，就属于内向，不是思考型，就是感情型，不是感觉型，就是直觉型，不是判断型，就是感知型，这样的划分是否合理呢？虽然MBTI的4个量表中提供了一定的分数段，可是这种非此即彼的二元分类仍然有不合理之处。或许这样的说法更为合理一些，轻微外向性与轻微内向性的人在会议上的表现要比极端内向性和轻微内向性的人更加相似些。不过，MBTI还没有提供一个恰当的分数表达方法，可以来说明这种可能性：我们是外向还是内向。

由此看来，MBTI把4种二元对立的特质比做左右手的说法站不住脚。人格特质，比如外向性，不如说是一种不可二分的连续的范围，就像是生理心理特征中的活动水平、情绪程度等等。就是说，我们既不能高度激活，也不可能像一堆土豆那样一动不动，我们不可能是极端情绪化的，也不会总是沾沾自喜，心满意足的。每个人总是在连续体上表现出一定气质的特定的重要特征。

另外一个批评是关于MBTI的工作相关性的。目前，虽然许多组织确信它对管理和行政人员如何更好地了解自身非常有帮助，但是仍然不清楚从中得到的知识是否可以

带来巨大的经济或行政上的效益——以及这些效益可以持续多久。婚姻咨询中，一些不乐观的数据显示，高度动机化的男人和女人经过几个月的课程后，发现改变自己的行为习惯模式依然非常困难，这是否意味着通过半天或两天的 MBTI 的管理课程就可以证明 MBTI 的有效性呢？

同样的，组织理论家们，比如凯司·科尔贝，她的研究工作是关于问题解决风格的，我们在第 10 章中要讨论这个问题。MBTI 强调的基于工作表现的四个维度与工作环境有关系吗？根据她的观点，“迈－布二氏类型指标在一些特定方面是非常好的，比如解释为什么两个都是感情型－内向型的同事可以在周末的时候非常好地交往，成为好朋友。但是，这是否与生产效率有关系呢？在工作中还有更重要的问题，我们需要确定一个人是如何解决实际问题的，并且让他去执行这个过程的，这是完全不同的思路。”

另外一个与 MBTI 相关的批评是关于它在培训上的应用，这个问题要比理论意义上的相关更重要。有些观察者批评说，MBTI 的培训师在管理和领导风格讲座中频频称赞 16 种人格类型中的一些特定人格，比如 ENTJ，轻视其他的人格类型，如 INFP——当然，这也反映了他们自己的人格倾向。职业临床心理学家，《迈－布二氏类型指标的本质》一书的作者，纳奥米·奎恩克，也强调说：“所有 16 种人格类型在研究上是有效度的，在法律上是合法的，都体现了健康心理、适应性，是可以成功的。”但是许多

MBTI 咨询师持保留态度，而且表现出对一些特定人格类型的看法，他们认为，对雇主而言，那些人格类型往往意味着更多的伤害，而不是支持。

尽管有这么多关于效度的批评，但是很少有人怀疑在可见的将来，MBTI 对于组织是有吸引力的。MBTI 提供了一个理解人格的统一的理论体系，对隐私无侵犯，有方便的记分标准，而且在成千上万的研究中得到确证，它的流行应该是没有疑问的。

在这样的背景下，一个极富吸引力的前景展现在我们高度技术化的世界里。通讯专家加里福德·纳什博士在斯坦福大学开展了一系列关于电子商务可行性的研究，内容涉及网站设计、在线销售和拍卖等等。纳什博士发现，不管是外向型或内向型，计算机语音都依赖它们声调的变量——而且如 MBTI 测试的结果一样，外向型人格更容易被计算机的外向型语音所吸引，而内向型人格偏爱与自己的语音相似的风格。

工程师是否很快就能设计出这样的计算机、网站和程序，它们不仅仅具有外向型或内向型风格，而且包括 MBTI 中 16 种人格特征呢？这看起来还是非常有可能的，而且谁知道又有其他什么东西在等着我们呢？但是显而易见的是，近一个世纪以来的荣格人格理论体系，通过迈－布二氏类型指标在心理测量学上得到的发展，对将来必会产生巨大影响和冲击。

第 8 章

令人震惊的第欧根尼：寻找诚实

我们对品质有确定的定义，准确地定义人格已经成为一个民族的要求。所以在一开始，有一个重要的问题：在你所有的熟人中，谁的诚实最令你尊重？你的见解的根据是什么？你是不是完全错了？那个人真的是诚实或值得信赖的吗？

我们追溯到第欧根尼的时代，他生活在古希腊的雅典，对社会满怀嘲讽，大白天提着灯笼上街找寻这样一种诚实之人。哲学家争论过第欧根尼问题：人们真的像看起来的这样诚实与正直吗？还是仅仅在装腔作势地表演？我们怎样才可以看出这之间的区别？在一个日益非个人化的社会里，我们甚至越来越不清楚自己的邻居是好是坏，更不要说一个面无表情地坐在我们面前的应聘者。这不再只是一个哲学问题了。

在美国职场中，雇员偷盗行为成为一个造成巨大损失的问题。对于任何一个对人性富于理想主义信念的人来说，下面的统计数据足以使他们心灰意冷。专家估计，雇员偷盗行为是街头犯罪的 10 倍，对 30% ~ 50% 的商业上的失败负有责任。由于雇员偷盗导致的组织损失每年达 230 亿美元，每起事件中损失的金额将近 9 倍于顾客顺手

牵羊行为造成的损失。在 1999 年，每 24 位雇员中就有一位与这样的偷盗有关，这比去年增加了 11%，比前年增加了 25%。

差不多所有的安全顾问都认为，这些数字仅仅是代表了冰山上的一角：每个被抓住的工人背后，大约有 6 个或更多的没有被发觉的漏网之鱼。研究表明，超过 75%的人在工作中至少有过一次偷窃行为，从事偷盗行为成为很多人职场生活中的固定部分。

如果你认为这种行为仅仅局限于刚工作的营业员顺手拿走牛仔裤或运动鞋，那就再想想——这种情况在所有层次的员工中都是普遍存在的。最近一项关于安全性的议题报告说，由于员工支票欺诈行为导致的平均损失在 1998 年是 624,000 美元，是 4 年前的 2 倍。由于员工使用公司的 ATM 导致的损失翻倍增加到 300,000 美元。与公司的信用卡相关的安全事件同期增长了 3 倍，增加到 1,100 万美元。

实际上，最大的员工偷盗行为是旅行和开销欺诈，几乎涉及所有的销售人员，比 4 年前增加了 7 倍，在 1998 年达到 141,000 美元。与此同时，许多安全系统的针对目标就是簿记员、装卸工人和邮件室职员，就像对重要的罪犯一样。研究揭示，由于员工偷盗造成的绝大多数损失都涉及高级别的行政经理层。在企业界内部非常有影响的几件大的挪用侵占案件，越来越多地涉及采用计算机对资金进行转移，但是这些消息还没有被公之于众。

虽然普通的公民不能够完全了解员工偷盗的金额，但是组织的领导是非常关注这些惊人的损失的——这些损失没有尽头。今天的工人是否真的比以前更多地牵扯到金钱、设备、供给物资的偷盗之中呢？目前在人力资源领域，这还是一个没有确定答案的问题。舆论倾向于认为是这样的，工人的诚实度在过去一代人中正在逐渐消失，因为集体忠诚感已经在一个大裁员、空前压缩和重组的时代里大大地退化掉了。这不仅仅局限于美国，而且在很多看起来变化缓慢的国家中也存在，如日本，本来终生雇佣是得到保证的，作为交换的是员工对企业的忠诚，但是这样的平衡也很快改变了。

在偷盗行为盛行的大背景下可以预见，筛选出潜在不诚实的雇员成为一门非常火暴的生意。最为知名的是诚实度测验。在1988年，国会签署了《雇员测谎仪保护法案》以后，涉及隐私的部门被禁止使用测谎仪，而诚实度测验是专门为了满足经理人中日益增加的员工诚实度要求而设计的。每年，成千上万的男男女女被要求参加诚实度测验，尤其是在申请低级别销售工作和银行工作的时候。不管是进行基于互联网的直接的在线测试，还是纸笔测试形式，这些测试可以即时地产生关于候选人是否诚实可靠的信息。

不幸的是，关于诚实度评估使用的准确数据其他研究者是很难得到的。各出版社对出于科学或商业目的发行这些数据一致持保密态度。举例来说，公司、出版商强烈抵

制了几年来美国心理学会要求收集这一领域内信息的努力。许多公司心虚地拒绝提供任何关于标准方法的统计数据和测试的信度，比如他们错误的百分比（也就是说，他们将诚实的被试者当做不诚实者的频率）。在这个意义上来说，诚实度测验比其他广泛使用的心理测验工具，如迈－布二氏类型指标或 MMPI－II 更加低调暧昧，那些测试是由全球许多研究生和学术工作者的独立研究产生的，并且通过了激烈讨论。

为什么所有这些会保密呢？第一，出版商宣称透露诚实度的细节内容可能导致申请人在测验中更容易地作弊。然而，应聘保安或售货员的人是不会阅读专业的心理学刊物的，对于测试作弊也无能为力。更有可能的解释是，测试咨询行业竞争激烈，公司非常重视自己的产品和服务所有权。与工作应聘者接触到测验的相关信息相比，公司董事毫无疑问会更担心自己的竞争者从测验设计、效度和应用中得到有用的信息。

另外一个重要的解释是诚实度测验出处。正如心理测量学家约翰·麦纳博士在自己的著作《诚实度测验》（*Honesty Testing*）中令人信服地指出的那样，对雇员的诚实度测验一般来说不是从学术或临床心理学中发展出来的，而是从安全保卫行业，尤其是在测谎仪测验被禁止以后才产生的。举个例子来说，斯坦顿调查是一项非常有名的诚实度测验，由平克顿服务集团出版，这是一家老字号的安全事务公司。在安全事务行业，与绝大多数的私营部门相比，对自己产品和服务的技术信息的封锁，或者减少公开讨论的情况，是无处不在的。

在1990年，美国国会的技术评定办公室（OTA）对诚实度测验进行了调查，主要是研究该行为是否得到法律授权。由于涉及员工隐私和尊严问题，导致了过去对测谎仪的强烈批评。正是基于同一种考虑，这次OTA的研究集中在公共政策议题上，比如选择决策中潜在的错误，这些诚实度测验在员工招聘中的分类作用，个人减少的就业机会等等。

在报告中，OTA强烈批评了诚实度评估，宣称测验信度微乎其微。其中只有3%的员工偷盗行为判断是正确的，大大地低于原先的统计数据28%～62%。OTA断定，诚实度测验程序产生了大量的错误偏差，然而OTA没有要求国会禁止使用这些测试。

同时，APA在另一个时间公布了自己的研究报告，报告是由心理学家为测试的使用者和其他心理学家撰写的。它的直接目标不是政策制定，而是着重于科学性和技术性问题：诚实度测验如何定义“不诚实”，如何在理论上构念、确定合适的标准，建立适当的信度和效度呢？测试的结果如何计算和解释？有一点非常重要，APA没有评价这些测验违反了绝对的效度，而只是对它们进行相对地评估(也就是反对其他测试员工诚实度的方法)。

APA的研究者承认今天日益猖獗的员工偷盗问题，同时观察到，几种诚实度测验的可选择方案有：结构化或非

结构化的员工预选面试，广泛的背景调查或监视措施。所有这些都有其自身的方法论和经济上的缺点。

结构化的访谈面试是最有科学效度的，但是在诚实度测验中使用同样的探测话题是过于昂贵和浪费时间的方法。非结构化面试对于员工的诚实度预测效度最小。对于招聘大量低水平的工人，而且是针对替换率很高的工作，详细的背景调查和监视措施被认为非常昂贵。APA 也认识到，最近研究揭示，与纸笔的诚实度测验相比，求职者认为测谎仪、药物测验、医学检查和背景调查是对隐私的侵犯，降低了自己的身份。

OTA 和 APA 在 90 年代初基本上同意，诚实度测验在职场中可以接受，但是测试的出版商和咨询人员需要更好地符合伦理和科学标准，以免这些测试导致公众反对并触犯法律。

像麦纳博士这样的最主要的心理测量学家都普遍认为，诚实度测验行业是高度集中的，只有少到 3 家的出版商在经营着一半的市场，大约有 50 种的测试是可行的，通常每个测试都有几个版本，它们在方法和概念上是一致的。

在整个领域中，最重要的差别是诚实度测验是否外显。也就是说，当直接探寻申请人有关偷盗和反作用行为的态度时，称为外显的；而当人格测验基于对特征的广泛评价基础上，如良心或易于交谈性等，心理学家可以将之概念化并用来预测工作中的忠诚性时，我们称为隐蔽

性的。

测验主要由安全部门专家设计，外显的诚实度测验反映了他们用测谎仪测验的渊源。他们的目的非常直接：最大限度地降低雇员偷盗行为和相关的不诚实行为。测验题目通常非常直接地询问他们对一些反感的和非法行为的意见(如“你认为针对购物偷盗行为的法律是不是太苛刻了?”)，还有就是他们对假设情境的反应（如果你看到自己的同事正在窃取商品，你会报告你的上级吗?）问题一般设计成是非选择题和评分量表格式。这种测试的核心是个人的诚实度水平，它并不关心被试者的人格特征的强度、缺点、技巧和兴趣等因素。

在众多被广泛使用的外显性诚实度测验中，人事选拔问卷（Personnel Selection Inventory，PSI）非常有名。伦敦出版社（London House）已经出版了超过 12 个版本，当中的一些经过了严格的独立研究，其中一个 PSI 版本针对的是初级和中级的雇员。20 个所有关于工作相关态度和行为的亚量表中，PSI 最为有名的是它的诚实度量表，它对于判断雇员是否在工作中盗窃现金和商品具有独到之处。PSI 的结果报告中包含应聘者的量表得分，提供了他的显著行为预测列表，可以准确地指出潜在的“危险范围”，比如对上级批评的敏感性和接受程度。

PSI - 7RST 是一个隐蔽性工具，涵盖了不同维度，如诚实、责任心、药品规避、客户关系、安全性、工作价值和监督态度，还附加了效度和准确性的亚量表。作为

PSI－3的部分内容，诚实度量表被证实可以准确地预测测谎仪测验中发现的偷盗行为，雇员诚实度的上司评估等级，以及一些特殊的申请人，如曾经因为盗窃遭解雇、具有持械抢劫前科或类似罪行、在匿名测验中承认偷盗行为的人。

另外一个有名的外显性工具是瑞德报告，由瑞德心理系统出版公司出版，在员工预选中占统治地位。它由赫伯特·瑞德在1951年设计，是一个历史悠久的测验工具之一，并经过多年的修订。与PSI相同的是，瑞德报告有不同的版本，由不同的量表组成，针对初级和中级员工。

目前，应用最广的版本看来是瑞德报告简版，这是一个综合的测试，主要是确定员工对诚实、良心、物质滥用和个人成就的相关态度。根据这些内容测试结果，雇主得到一份打印出来的文件，包括每个亚测试的得分，分数分为6个等级：1）使用，2）有资格使用，3）推荐使用，4）低风险，5）高风险，6）不接受。

为了保证瑞德心理系统的专业声誉，它定期进行研究工作。毫不奇怪，这些工作保证了瑞德心理系统在美国和加拿大的药品零售商店、便利店以及类似机构中，对减少员工偷盗行为一直起着高效作用。有趣的是，来自瑞德心理系统自己的研究数据显示，由于20%的申请人对问题回答不当，导致在招聘过程中被不恰当地刷掉。

这样的错误比例看起来是非常高的，因此瑞德的研究人员评论说："因为许多偷盗行为没有被发现，所以偷盗行为标准无疑是低估了实际的偷盗行为……显而易见，在那些被雇佣的人员中，瑞德报告已经大幅度减少了那些事后被发现的不诚实员工造成的事故。”

在本章早些提到的斯坦顿问卷是第三个主要的外显性诚实度测验。在 1964 年初次出版，最近的修订是在 1995 年，它同样位列历史最为悠久的同类型的测试工具之中。斯坦顿问卷由 83 个问题组成，绝大多数是是非选择题格式，小部分是 4 点量表。这个测验还包括一段个人资料项目，问题主要集中在教育背景和工作经历上。

根据几个已出版的报告，这三种测试工具——PSI，瑞德报告，斯坦顿问卷——占领了近 50% 的外显性诚实度测验市场。研究指出，这 3 种测验之间具有高度相关性，构建了一个高层次的效度，包括正直、愉悦度和情绪稳定性。

另外一个主要的工具是 PSC 调查 ADT，它用于员工预选，并且提供 3 个量表的得分：1）信任度，2）疏远，3）饮酒和药物使用。在它的简版里面，测验包括 100 个题目，要求申请人回答“是”、“不是”或“不好说”。信任度量表是最大的量表，主要是探察个人对工作中偷盗、诚实和信任行为的态度。疏远量表测验的是对纪律规定、公司政策、领导及权威人物的尊重等态度。饮酒和药物量表，顾名思义，是用来评定申请人对酒精和药物使用的态度。

所有这些测验的前提假定是，不诚实的个体对待这些

行为和情境的态度和观点与诚实的个体相比是不同的。经过一次一次的调查研究发现，那些最容易发生偷盗行为的人是那些愤世嫉俗的人，他们认为生活就是狗咬狗。相应的，那些认可“每个人偶尔都会偷东西”或“人类具有偷窃本性”或“没有人是真正诚实”的申请人，大多数后来会出现工作偷盗行为。

在这里，我们要说明一点，心理测评有时候比实际需要的更为复杂，了解这一点非常重要。在临床心理学中，一个经常被提起的带有一点杜撰意味的故事就是说明这点的：在冷战的高潮时期，为了挑选能在阿拉斯加长期从事导弹跟踪的雷达工作人员，美国空军需要心理测验筛选人员。使用了大量的系列人格测验之后，结果最具预测性的问题却是：“你喜欢寒冷的天气吗？”同样的，心理学家今天发现，对于预测一个人是否诚实的最有效的问题是：“你认为人们基本上是诚实的吗？”

在整个讨论中，我们最好看一份外显性诚实度测验。我编制了一些在大多数测验中出现的典型问题。这些问题一般是要求回答“对”或“错”。

外显性诚实度测验样本

1. 绝大多数人本性是诚实的。
2. 虽然知道自己偷盗不会被抓住，但是绝大多数人，即使有机会，也不愿意偷盗商场里的小东西。

3. 几乎每个人在儿童期或十几岁的时候，在商场里干过顺手牵羊的事情。
4. 绝大多数人值得信任。
5. 工作的时候，我会去偷一些自己真正想要的东西。
6. 父母亲应该非常关注自己的孩子是否从同学那里偷了东西。
7. 绝大多数年轻人没有从朋友或同学那里偷过东西。
8. 我所知道的许多在校的十几岁孩子至少干过一次顺手牵羊的事情。
9. 父母亲必须对孩子在商场偷盗被抓表现出吃惊。
10. 教导孩子要诚实不是父母最基本的职责。
11. 我有时候想抢劫一家银行或珠宝店，然后逃走。
12. 不能认为人类本性就喜欢从别人那里偷取东西。
13. 我在工作中经常被诱惑想偷东西。
14. 如果我知道自己不会被抓住，那么在商场里面趁人不注意拿走一件漂亮的新衣服，我不会有罪恶感。
15. 我认为社会对于在商场中偷窃的法律处罚太严厉了。
16. 如果有人在商店里面发现一个皮包或钱包，那么在交给商店经理之前取走一些现金是错误的。
17. 我不会向别人报告自己的同事在偷商品，因为这不关我的事。
18. 未经允许早退的员工与从公司偷盗东西的员工是

不一样的。

19. 为了休息或放松，偶尔故意请病假是不对的。
20. 经常请病假的雇员可能需要休息。
21. 如果一位雇员看到自己的同事把单位物资拿回家，他应该向上司报告。
22. 如果一位雇员偶尔把单位物资拿回家，不算是偷窃行为。
23. 我的有些朋友在工作时偶尔会偷些商品回家。
24. 一个员工只是偷了一点物资被抓，不应该被开除。
25. 如果有人在餐馆结账时少给了钱，他没有必要告诉服务员。
26. 购买偷盗来的商品是错误的。
27. 如果一个雇员在工资单中偶尔有多给的工资，那么不向公司报告就是一种偷盗行为。
28. 一个公司可以雇佣一个因为偷盗而被解雇的人。
29. 如果我在街上发现一个装满钱的包，我应该认真地考虑如何保管它们。
30. 我认识很多不诚实的人。

你对这个测验样本的反应如何？我已经发现，非心理学家经常有两种典型消极反应：1）这些问题是不公平的，因为生活不是绝对的；2）正确的答案是很明显的，因此这样的测试实际上不具备可靠性。这两种批评都是针对表面效度，因此，让我们来评论一下这样的说法。记住，这不仅仅是一个哲学问题，每年在员工偷盗中牵涉到成亿成亿美元，利益攸关！

批评 1：这些问卷是不公平的，因为他们强迫人在一个模糊混沌的世界中做非黑即白的判断。

这一个批评意味着许多观察者有权宣称："我从来没有在商场偷窃，尽管我相信绝大多数人是不诚实的！难道这意味着我不能得到一个售货员的工作吗?"很不幸的是，回答很可能是的，你不能。

关键问题是商业社会中的决策制定是根据概率：这与波音747安全完成了10,000次航班后有可能出现问题，或一辆汽车在行驶30,000英里后轮胎会报废的概率意义是一样的。因此，在一个充满习惯性商场偷窃和职业罪行的世界里，许多雇主有理由担心新的聘用会带来意外的破坏。

这种情况会导致这样的结果，测验可能会使具有偷盗意识的候选人加入到组织中来，导致更多的负性偏向（比如，根据候选人的回答，诚实的候选人有可能像那些不诚实的候选人一样被错误地排除）。另外，根据上面提到的，资料显示愤世嫉俗，认为社会生活是一种狗咬狗状态的人，在工作中发生偷盗行为的几率明显高于其他人。

批评 2：正确答案非常明显，以至于没有人会蠢到给出错误答案。

在常见的反对外显性诚实度测验的意见中，有一种认为，正确的或社会期待的回答是非常明显的，以至于“只有白痴才会给出错误的答案”。设计假问题不是测试设计者愿意说明的问题。不过，研究结果显示，做假仅仅是外显性诚实度测验中一个极小的问题。

举例来说，最近一项由海斯国际公司发布的研究报告分析，20,000名申请售货员工作的候选人在1999年参加了诚实度测验，随机选取他们，研究人员发现，他们对自己的不诚实行为的自我揭示是非常显著的。总体上来说，根据他们的回答，22.6%的候选人得分被认为是高风险的。尤其引起人兴趣的是：

1. 28.7%的候选人说自己可能会受诱惑从雇主那里偷取东西。
2. 21.8%的候选人报告自己经常和那些过去曾经从雇主那里偷取东西的同事联系。
3. 18.3%的候选人说自己在过去3年里偷过钱。
4. 14.5%的候选人承认在过去3年里曾经偷过商品。
5. 12.7%的候选人承认自己是不诚实的，可能会发生偷窃或欺骗行为。

正如第6章重点提到的，研究显示，一般来说，人们更愿意说明自己的态度和价值观，而不是自己的个人行为和错误。这个事实对于性学家来说是非常常见的，他们发现，当问一个人的性行为类型和频率的时候，回答往往是不可靠的。这种虚假报告的问题同样在问及宗教活动的时候出现，比如礼拜的频率；人们的回答总是迎合社会期望。许多社会科学专家相信同样的问题出现在伦理、种族、宗教偏见，甚至是投票行为等研究中。

结果，像“你相信大多数人有过在商场偷窃的行为吗？”这样的问题得到的诚实回答，要高于“你在商场偷过东西吗？”“在过去 3 年里，你在工作中偷过几次？”这样的问题。当问题探测一个人的态度和价值观的时候，绝大多数的申请人是可信的。然而，应该认识到，研究也揭示，诚实度测验如果鼓励歪曲自己的真实反应，人们也是愿意做出这样的反应的。实际上，最近在阿拉巴马州一个中等监狱中的研究发现，如果囚犯被告知通过歪曲自己的真实反应可以给人一个非常好的印象时，那么男性囚犯非常愿意在 PSC 调查 ADT 中通过这样的方法来得到高分。

近年来，不管是隐蔽性诚实度测验，还是根据人格特征的诚实度测验，对测谎量表或者是效度量表——考察被试者是否通过假装表现得比实际更可信、可靠、稳定，欺骗考官——的依赖日益上升。这些量表一般包括这样一些典型的问题，“我从来没有撒谎”，“我从来没有发脾气”，这些问题描述的情况是除了圣人几乎任何人都不可能会有的。

一般来说，如果申请人的得分高于测谎量表或效度量表的底限，那么他的整个测验结果就值得怀疑，进而被聘用的可能性几乎就降至零。然而，在当今美国经济中，许多公司机构实际的解聘率接近于零。公司有可能愿意雇用这样的人，虽然他在外显性诚实度测验和测谎或效度量表中的得分表明他是个不可接受的候选人。

隐蔽性测验工具在员工诚实度的筛选中也是被频繁使用。人格导向和掩饰目的、伪装目的的测试题目一般采用的是在人格测验中广泛使用的问题。它们的目的就是为了测量与诚实度相关的特征，这里的诚实度定义比较宽泛，比如寻求刺激性，对权威的反抗，愤怒倾向和不可靠性。自我报告的项目一般包括，“我喜欢看赛车项目”；“工作的时候，我经常做白日梦”；“如果有谁批评我的工作，我差不多会变疯的”。

与安全行业中具有测谎仪性质的测试倾向不同，这些测试一般由学院里的心理学家设计。其中广泛使用的测验包括人员反应表格（Personnel Reaction Blank），PDI雇佣问卷，霍更职员选择测验表的可靠度量表，加利福尼亚人格问卷的责任心量表，以及员工可靠性问卷等。

下面的问题就是一个有代表性的样本。

人格倾向的诚实度测验样本

1. 我喜欢工作顺利完成的感觉。

2. 根据我的观点，一件工作没有达到完美，就是没有完成。
3. 最成功的人就是那些实现了自己最初想法的人。
4. 按时完成每项工作是不合理的想法。
5. 有时候，如果你知道自己的同事可以继续你的工作，那么你是可以放下这个工作的。
6. 我从不爽约。
7. 雇员为了按时完成工作一般需要加班。
8. 我认识许多努力工作的人。
9. 我崇拜那些在工作上花大量时间的人。
10. 我的工作习惯从来不是一团糟。
11. 一些了解我的人认为我工作太辛苦了。
12. 在工作中感到有创造性对我来说很重要。
13. 我们不一定都要有组织地工作。
14. 我为那些长时间工作的人感到可怜。
15. 了解我的人叫我“团队选手”。
16. 今天成为一名团队成员是工作的基础。
17. 我避免雇佣那些看起来不是“团队选手”的人员。
18. 为了让自己工作更有效率，我的午餐时间应尽可能地缩短。
19. 如果我不得不工作得比较晚或周末加班，我通常不会介意。
20. 最有创造性的员工是那些集中精力工作，而不管它会花多少时间的人。

21. 许多人为了工作成功愚蠢地牺牲自己的个人生活。
22. 我从来没有被称做“工作狂”。
23. 我崇拜工作有序整洁的人。
24. 工作是我生活中最重要的事情。
25. 期望员工每天努力工作是不现实的。
26. 了解我的人把我描述成一个约会中非常可靠守时的人。
27. 有时候在开始工作之初，我会面临很多困难。
28. 我羡慕那些可以提前退休的人。
29. 我做过关于假期的白日梦。
30. 我经常对工作失去关注。

一般来说，这些人格导向的测验对工作诚实度的预测能力低于外显性测验。不过，许多公司发现，这些工具对于招聘决策的制定非常有价值。它比判断一个特定的申请人是否会出现偷盗行为能提供更多信息。事实上，在下一章中，我们将特别关注大五理论以及它与人格和职场相关的内容。

如果第欧根尼生活在现代，他可能仍然在寻找真正诚实的人。但是取而代之的是，他不再是在白天的雅典（或者是芝加哥、巴黎、香港、东京，或圣保罗）街头提着灯笼，满怀嘲讽地漫步，而是在采用一套心理测验的方法。

第9章
情绪智商和压力的测评

在寻求最佳工作效率的过程中，管理学、人力资源和组织发展学中出现了不可忽视的潮流。日益增加的竞争压力，全球化进程的加速，带来了一种全新的认识，只要我们能够科学地挖掘人类行为中长期被忽视的能力，我们的财富就会源源不断地增加。从 Z 理论开始，到质量循环，在过去几十年已经证明，一个被重重围困的管理难题一直在持续。虽然许多方法已经有了确定的价值，但是几乎没有一个能够保持自己最初的积极性。

毫无疑问，情绪智力已经成为近年来诸多最令人兴奋的概念之一。丹尼尔·戈尔曼博士 1995 年出版的《情绪智力》（*Emotional Intelligence*）对这个概念的推动作用是爆炸性的，3 年后，他的《用情绪智力来工作》（*Working with Emotional Intelligence*），使得这个概念扩大了冲击力。由于是对员工能力中一个模糊维度做出了说明，因此反应是非常惊人的。

比如说，戈尔曼博士宣称：“工作的规则在变化，我们需要用新的尺度来衡量自己，不单是我有多么的聪明，或者是我们的训练和专长，还有我们可以控制自己和别人。在决定这个人被雇用，或被解雇，这个人被放弃，或

被保留，谁仅仅是及格，谁会得到提升等问题中，这个准绳越来越受到重用。不管在什么领域，这些规则测试我们的特质，这些特质对于我们未来求职中的自我推销是至关重要的，并且这些规则关注个人素质，比如主动性，同情心，适应性，循循善诱。”

情绪智力真的这么重要吗？或者仅仅是又一个注定要被忘掉的时尚概念而已呢？像诺斯查丹姆司这样的预言家，虽然看起来非常成功，但他们也只是通过一种不可理解的含混的方式提出预言。很明显，戈尔曼和他的同事所确认的，实际上已逐渐成为职场上成功的、重要而清晰可见的因素，在一个团体协作和人际互动所统治的经济形态里面，我们对成功的期望与戈尔曼所强调的“自我管理，更加技巧性地处理我们的人际关系”有着越来越紧密的联系。那么这个过程是怎样准确地进行的呢？

对于个人性格的探索远远地超过了对智商的探索，因为前者可以解释我们为什么会成功。这种研究也不是什么新事物，早在20世纪20年代，美国心理测量学的领袖人物爱德华·桑代克（Edward Thorndike）博士就发展出了“社会智商”的概念，它用来确定个人在完成不同的任务中所采用的非认知因素。但是，这样具有突破性的工作被一度占据统治地位的行为主义思想所忽略——行为主义思潮在20世纪20~30年代由约翰·B·华生开始，在战后世界里则被认知心理学的大潮所覆盖。对于综合智力的专业兴趣直到20世纪80年代晚期才开始复苏。当时，伴随着哈佛大学的学者霍华德·加德纳为首的理论家的思想火花，研究者提出了“多元智力”的研究趋向。

根据加德纳这个非常有影响力的观点，我们可以把智力与认知、智商测验形式清楚地区分开来，他认为智力是一个连续体。根据他在生理学和神经科学上的发现，加德纳坚持认为，不论成人与儿童，在言语、算术、审美、运动和社会能力上都具有显著差异，现行教育体系急需与这些发现进行整合。相似情况是，他的同事，耶鲁大学的罗伯特·斯登伯格，通过对《财富》500强企业中的经理人的研究发现，他自己所提出的“实践智力”至少可以与智力同样比例地解释工作成功。当然，直觉上看起来，斯登伯格的研究是有道理的——几乎我们所有人在组织生活中都碰到许多智力非常高，但是无法实现工作事业上的成功的人，然而他们在学术任务和SAT的得分方面是非常优秀的。相反，我们经常听说很多成功的CEO，他们却完全缺乏令人印象深刻的学术背景。

最近，哈佛大学的理论家罗伯特·巴农和吉登·麦克汉姆目前在讨论的社会技能问题，类似于被称做“情绪智力”的概念，是决定一个企业实力的重要角色。受最近的生理学研究吸引，他们认为，“生理学证据显示，与低水平社会技能的人相比，高水平社会技能的人在形象管理和提高个人形象方面，可以产生高水平的积极情绪和情感。另外一些研究指出，积极的、高效的状态可以强烈地影响一个人的判断和决策，促进这些工作。”

其中涉及什么样的人格特质呢？我们暂时不考虑有可能存在的、与商业头脑有关的智力，把理解力与情绪也放在一边，管理上的成功依赖于一些心理学家能够确认与测试的其他因素。

毕竟，大型组织中的每个人都知道，善于开会的上司和行政人员可以很顺利地说服下属，让团队在预定的最后期限之前完成任务。相反，许多人身处同样的位置，即使智商相等或更高，也可能组织会议的能力很差，与下属关系疏远，甚至彼此对抗，最终不可避免地使团队的工作不能够如期完成。

然而有意思的是，这些类似轶闻趣事的印象很难用心理测验的表格去解释说明。举一个例子来说，一个富有效率的经理知道自己成功的原因吗？一个缺乏创造性的人又知道什么呢？在工作中，人经常从无法辨别的团队努力中去获得个人的荣誉，而将自身人际交往的不足归咎于他人。在最近的管理学学术年会上，一位研究者开玩笑地说："让一个人来评估自己的情绪智力，比如同情心、社会敏感性等因素，就像叫一个人来评价自己的外表吸引力一样，没有人可以做到真正地客观。"

那么，第三者评估和360度评估的心理测试解决方案怎么样呢？当然不行。从大约100年前开始，心理学家就已经认识到"霍桑效应"。霍桑效应指的是在所有的人格特质上，如创新性、可靠性、注意力和诚实度方面，长相英俊的员工容易得到上司的高分。

基于这个原因，戈尔曼在自己那本奠基性著作中警告说："与我们熟悉的智商测验不同，目前还没有单独的纸笔测验可以得出一个人的情绪智力分数，甚至永远不可能有。"同样的，查理斯·斯坦纳在《掌握情绪技巧》中指出："情绪智力（emotional intelligence）的测试结果——EQ——听起来非常简洁，但它的含义与你所期望的相距很远。它是一个市场概念，而不是一个科学术语。情商（emotional quotient）是不能够像智商（intelligence quotient）那样测量和计分的……只是因为我们还没有宣布可以清楚地测量情绪智力，因此我们赋予EQ很多的含义。"

情绪智力缺乏有力的测量手段和效度完好的测验，这就是目前不太乐观的现状，但是研究者已经为此投入了大量的精力。如果这个课题成果能够保持企业的活力，一定会给测验设计者带来巨大的声誉、影响和经济回报。目前，不同的通俗读物已经将情绪智力渗透到经理人、行政高层和求职者的中间；然而绝大多数的工具缺乏科学效度。

目前最令人信服的研究人员是英国亨莱管理学院（*Henley Management College*）的维克多·杜勒维茨和马尔科姆·希格斯博士。在过去的几年里，这两位研究者已经发展出颇具吸引力的理论模型和一套特定的工具：情绪智力问卷（EIQ）。这两件工作值得密切注意。

除了支持戈尔曼的情绪智力的概念外，维克多·杜勒维茨和马尔科姆·希格斯博士一致认为职场中的情绪智力

具有特定的成分，它们可以测量，可以通过精心设计的培训方案得到培养。他们强调，虽然现存的情绪智力研究基础主要是在教育和生理学领域，但是这个概念对企业组织提供了帮助，尤其是对管理行为和学习非常有价值。而且他们坚持认为情绪智力是可发展的，同时承认目前这方面的证据还不确定，不能够判断个人生命哪个阶段最适合通过技巧性培训得到补偿。

与戈尔曼以及其他人的工作齐头并进的维克多·杜勒维茨和马尔科姆·希格斯已经确认了下面7种能力：

1. **自我意识** 对自己情感的觉察、再认和控制自己情感的能力。
2. **情绪弹性** 在不同场合和压力条件下保持良好表现的能力。
3. **动机** 完成工作的驱动力和精力，平衡协调长期和短期目标，应付挑战和反对的能力。
4. **人际敏感性** 对他人的需要和情感的觉察，利用这种敏感性有效地处理人际互动并须做出决策。
5. **影响力** 说服别人改变观点的能力。
6. **决断力** 面对不确定信息，通过内省作出决策的能力。
7. **良心** 对固定行为的承认，可以符合伦理要求地持续行动的能力。

在这个概念模型的基础上，维克多·杜勒维茨和马尔科姆·希格斯首先在1999年发表了情绪智力问卷（EIQ）。在心理测试的效度上，他们重点借鉴了16因素人格测试和职业人格问卷（OPQ）的子量表，确定EIQ拥有显著的效度和信度。在包含69个问题的5级量表中，EIQ一共得到7个亚测验得分和一个总体的情绪商数（EQ）。虽然EIQ的研究和使用仍然处在草创之中，但是它为测试员工情绪智力提供了一套坚实可靠的方法，为旨在改进缺点，提高能力的培训方案提供了心理测量学依据。

在第3章中提到的大五人格理论，在过去十多年时间里对人格研究产生了决定性影响。它来源于一个世纪前英国弗兰西斯·高尔顿爵士英文版的人格特征的分类学。20世纪七八十年代以来，许多研究者几乎绝望地发现无法将人格研究建设成一个真正意义上的科学研究领域，但是这个模型却在人格研究悲观氛围之中突然开花结果，迅速发展。

现在，成千上万的研究证实，人们的人格通过5个涵盖面广的维度，可以被充分理解和测量，虽然不同研究人员采用了略微有区别的术语。这五个维度包括：1）情绪稳定性，2）外向性，3）愉悦度，4）责任心，5）对观念和经验的开放度。跨文化研究同样证实了这个模型的效度。有意思的是，在亚洲文化的研究中，有证据显示可能存在第6个维度，它涉及对社会和谐或“保留和维护面子”的敏感性。

大五理论衍生出两个主要的测验，两者在职场中得到越来越多的应用，对工人的情绪智力提供了非常有价值的启示：1）神经质－外向性－开放度人格问卷修订版（Neuroticism Extraversion Openness Personality Inventory－Revised，NEO－PI－R），2）霍更人格问卷（HPI）。但是，由于它们篇幅过长，每个大约都超过200个问题，所以他们更适合在员工发展和培训中使用，而不是在申请人预选中用。

保罗·科斯塔和罗伯特·麦克莱博士在1992年出版了NEO－PI－R调查表，它包括5个主要量表：1）神经质，2）外向性，3）开放度，4）愉悦度，5）责任心，另外还有30个亚量表。亚量表包括概念分类，比如社交性、寻求刺激、审美能力、奋斗行为、深思熟虑等等。所有的得分根据被试者的性别来分类分析，跨文化变量也在考虑之列。

NEO－PI－R是一套总共包括240道题目的5级量表，完成它耗时费力，尤其是对于文化水平不高的人来说。考虑到实际要求，以及神经质维度题目的侵犯性，作者设计了新的测验NEO－4，它删去了整个神经质维度亚量表，其他与NEO－PI－R完全相同。

NEO－PI－R的外向性和愉悦度亚量表对于评估社会技能有着特殊的作用。虽然还没有进行过系统研究，但该量表热情度、社交性和积极情绪（属于外向性维度）的亚量表和信任、利他性（属于愉悦度维度）亚量表与戈尔曼、维克多·杜勒维茨和马尔科姆·希格斯等人所定义的情绪智力的内容高度相关。最近研究显示，我们对那些表现出积极情绪的人最满意。

另外一个来源于大五人格模型的是霍更人格问卷(HPI)，它的现行版本是罗伯特博士和乔伊斯·霍更博士在1992年出版的。和NEO－PI－R问卷一样，对于职场来说，HPI是当前最为耗时费力的测试，它由206个是非选择题目组成。为了避免触犯EEOC指导手册中“负性冲击”的规定，霍更人格问卷中没有涉及性偏好、宗教信条的题目，也没有涉及申请人的犯罪记录、酒精和药物使用、种族、伦理态度等方面的问题。最后，测试也不包括关于身体和心理残障的问题。

霍更人格问卷由7个基本量表组成：1）适应性，2）抱负，3）社交性，4）受欢迎程度，5）谨慎，6）智力，7）在校成就。每个基本量表都包含几个亚量表，总共包括41项亚量表。亚量表数量最多的是适应性量表，它由8个亚量表组成，亚量表数量最少的是在校成就量表，只有4个亚量表。这个测试还有效度量表，也就是测谎量表。

霍更人格问卷中与社会技巧相关最高的量表是社交性量表和受欢迎程度量表，尤其是后者。其中关键的亚量表包括这些内容：娱乐性、容易相处、敏感、照顾和喜欢他人。霍更所称的“社会分析理论”假设认为，人们的社会交往行为是受到深层生理感觉所驱动的。源于这一理论，霍更人格问卷比NEO－PR－I在人格因素上更加强调人性

关系特质。从理解这些情绪智力的来源角度，霍更评论说："人们的社会行为受到两个内涵宽泛的无意识动机的控制，第一个推动我们自己去得到同伴的接受和承认——尽量避免他们的批评和拒绝，第二个推动我们自己在人群中追求地位和权力——避免失掉自己的地位和控制力。"

需要指出的是，对于众多不同的管理和科技组织来说，大五人格对职业成就预测性最强的维度是责任心，而不是外向性或者愉悦度。责任心是一个相对较新的构念，它单独存在还不到一代人时间，然而现在它被认为是情绪智力基本维度之一。

与其他人格特质一样，责任心包括了几个特征：感觉自己能胜任、整齐有序、尊重上级、服从规章制度、追求目标、保持适当自制、谨慎多于冲动。

如果责任心不是我们自己的天赋倾向，那么可以学会吗？心理学证据表明，在一定程度上这是可以的。然而，这种主要特质不会在一夜之间自己发生变化，或者是不经过练习和努力就可以学会。正是因为这样的原因，如果通过特定的隐蔽性诚实亚量表，公司发现求职者在责任心维度方面得分很低，那么他一般不会被录用。从另外一个角度来看，时间管理或"消除杂乱现象"的员工培训方案表明了潜在的观点，我们可以学会让自己变得更加有条理、整洁、有组织性，这些正是责任心维度下面的因素。

压力和情感耗尽

除非你刚刚从另外一个星球回来，否则你就会知道，职场愤怒是当今组织关注的重大问题。流动邮局（going postal，描述员工的愤怒状态用词）、马路愤怒、航空愤怒等诸如此类的新词进入到英语中来。研究清楚地表明，与过去相比，员工中的愤怒越来越多。事实上，根据对《财富》前1,000家大公司安全部门的行政人员调查发现，职场暴力最近成为美国大公司的主要威胁。总部在加利福尼亚Palm Springs的职场暴力研究机构的调查指出，每年发生的在职人员暴力事件使得雇主额外地负担了360亿美元开支，比过去5年上升了850%。美国司法部估计，受害者达500,000名员工，每个人在每起事件中平均失去3.5个工作日。

结果，公司花费了大量精力用于在雇佣过程中剔除潜在的易激怒、暴力倾向员工。在雇佣失误的法律条文下，公司应当对雇员的潜在性危害行为负责。如果未能利用适合的人格测验评估员工的暴力倾向因而导致不良后果，就如同安装了一部问题电梯导致工作失灵和雇员人身伤害一样，法律就会判决企业犯有过失罪。

我们真的可以通过咨询和治疗方法来改变易激怒的人格特征吗？虽然病人要求改变的真实动机非常重要，但是

专家们对此还不确定。比如，著名的哥伦比亚高中的少年杀手，由于早期的反社会行为，他们被要求参加了一项关于愤怒管理的课程，并且顺利通过。然而在他们参加课程的同时，两个人就在积极地密谋那件令人毛骨悚然的破坏事件。

在这个信息化的新经济时代，不管是在美国，还是在世界其他地方，压力问题变得比工作愤怒更为普遍。由于企业规模缩小，许多员工的工作时间比以前更长，在高度竞争的全球市场，曾经非常普遍的闲散生活方式（还记得在一家令人放松的餐馆来一顿很休闲的午餐吗?）几乎消失地无影无踪。在工作上回归到前互联网时代节奏，似乎像是打字机、复写纸、计算尺和黑白电视再度出现。我们变得越来越网络化，甚至连小学的小孩子都佩带呼机，拥有自己的计算机用户名和电子邮件。

从心理学角度来说，如今几乎每个人在工作中都会面对越来越大的压力。公司领导、行政经理和高级管理者当然明白压力是什么，因为他们自己都亲身体验过。因此，对于应聘工作的人来说，这不是申请人是否能够解决偶然性的工作压力的问题，而是如何经常性地，情绪稳定、饱满地协调工作与工作压力。今天，人们有可能并且实际上一定会遇到各种压力情境，因为我们每天都会碰到比如截止日期、延长工作时间、高强度会议等事宜，并且缺乏放松机会。

如果协调压力不是自己的长处，我们能够学会有效处理吗？完全可以。在过去的十几年时间里，尽管对于什么样的活动是放松这一问题的回答因人而异，但医学和心理学研究显示，几乎每个人都可以学会有效地降低工作压力。我们脑子里应该保持这样的信念：人们可以从结构性压力管理方案中受益，比如健康俱乐部或员工辅助计划，它们比没有管理的、纯粹个人性的活动要好。

目前，两个应用最广泛的压力测验工具是玛氏情感耗尽问卷（Maslach Burnout Inventory，MBI）和职业压力问卷修订版（Occupational Stress Inventory - Revised，OSI - R）。这两个工具往往是减压方案的一部分，而不是被用在员工筛选中。员工预选中对潜在压力的测试，与责任心和诚实度测验一样，都是通过隐蔽性诚实度测验进行的。

情感耗尽（Burnout）这一术语是在 1981 年首次出现后，进入英语流行词汇中去的。MBI 反映了查理斯·玛斯拉赫博士的研究工作：关于人类服务性和教育行业中情绪枯竭的本质，和它对护理人员、客户、家庭成员和其他人的潜在破坏性后果。虽然情感耗尽已经成为一个耳熟能详的词，但是它还没有自己的系统理论或实验数据。玛斯拉赫和他的同事与这个领域里的其他先驱者一样认识到，需要一套标准化测验来测量人们的这种心理现象。

MBI 普通量表（MBI - GS）来源于 MBI 人力服务量表，是一种自助量表，只要花几分钟就可以完成。这是一份 6 级量表，包括 16 道题目，保留了 MBI - HS 中 3 个亚量表的形式。该量表是经过涉及各个国家的样本研究检验

的，其中包括荷兰市政服务人员，加拿大、芬兰和波兰健康护理职业人员，建立了合适的信度和效度。

目前，MBI 的研究目标是更好地对 3 种量表进行分类：1）情绪枯竭；2）人格解体；3）个人实现，同时为情感耗尽在不同样本中建立国际常模。

OSI－R 最初由萨缪尔·奥斯卜博士在 1981 年制定，也是一个用途广泛的工具。它是一项比 MBI 用途更为广泛的工具，OSI－R测量与工作相关的适应性的 3 个维度：1）职业压力，2）心理疲劳，3）应付资源。每个不同维度都有量表测试个人或环境因素对工作相关适应性的独特贡献。OSI－R 是一份包括 140 项题目的 5 点量表，该量表具有显著的性别差异。

职业压力由 6 个亚量表来测量，叫做职业角色问卷。它们是：1）角色过载，2）角色不足，3）角色模糊，4）角色边界，5）责任心，6）外界环境。心理疲劳由 4 个量表组成，叫做个人疲劳问卷，反映不同类型的主观情感反应。如果一个人在工作中不能够有效地协调各种压力，就会产生心理疲劳，主要分为 4 种类型：1）工作疲劳，2）心理疲劳，3）人际关系疲劳，4）生理疲劳。最后，个人资源问卷也是由 4 份关于协调资源的量表组成：1）娱乐性，2）自我护理，3）社会支持，4）理性和认知协调。

NEO－PI－R 和霍更人格问卷在测量情绪智力方面用处很大，来自大五理论的两个工具在压力耐受性的测试上也发挥了巨大作用。在 NEO－PI－R 中，神经质量表提供了一些情绪抑郁的关键症状，尤其是涉及焦虑、愤怒、压抑和脆弱等性质的亚量表。临床发现，这四个量表得分高的人在工作上经常缺乏效率，原因就是内心混乱骚动。

对于霍更人格问卷来说，适应性和抱负量表提供最为明显的相关预测。霍更从 2 份整体量表和 4 份亚量表中选取 25 道题目，设计了具有很高信度和效度的压力耐受性量表。他们与焦虑、抑郁、镇静和心平气和有关。

情绪智力是否可以转变成企业管理方法，成为点石成金的哲学基础，目前还不能够确定。有太多的追潮跟风的人曾经聚集到这个概念底下，最终又带着一脸的嘲讽离开。这种做法并不是很恰当。习得有效的社会技能或许不像目前很多乐观主义的研究人员所相信的那样是可习得的。

我们不能否认，今天越来越多的工作变得组织化，依靠团队来完成，并且即使不是国际性的也有可能是多民族性的。由于这样的原因，那些可以与别人开诚布公，体察对方状况，进行动态交流的人最有可能获得成功。在设计高效的员工预选和培训方案的时候，心理测验变得越发关键。

第 10 章
你用自己的方式解决问题吗？

效率是时下使用非常频繁的一个词语。那么，完成一件任务或一个项目最有效率的方法是什么？在心理上，我们都有自己最喜欢的、不同于他人的做事方式，不是吗？是依靠我们现有的性格优点好呢，还是勇敢面对缺点？人们解决问题的方式确实存在本质上的不同呢，或者只是一种随意的偏好？另外，工作团队又怎样？它会受到成员们做事，或着眼未来，或坚持过去的个人倾向的影响吗？为什么特定的雇员组合产生效益，而其他组合却带来危害？这仅仅取决于他们有多喜欢对方吗？

令人吃惊的是，心理测评工作者们直到现在还没有对上述与工作有关的重要问题予以应有的关注。其原因无疑是多方面的，不过这却清楚地表明他们过于看重性格、情绪及认知力等因素——这些是取得所有成功的基础。当然，以上这些因素都很重要，我们的智力、合作性以及主动性等都会对工作产生重大影响。

但仅仅关注到性格和认知力使人们忽略了人的工作表现中第三个、显然也是单独的一个层面。很长时间以来，这个问题在概念上和方法上都没有得到研究。令人欣慰的是，这一状况正在改变。全球性竞争的压力迫使公司经理

和执行官们开始认识并利用个人解决问题的独特方式。他们开始意识到，这第三种方式提供了一个提高个人及团队工作效率的巨大机会；而这对于上一代人而言是难以想像的。

引人注目的是，心理学家亚伯拉罕·马斯洛是这其中较早发现人的潜能中这一未知层面的人。我们在下一章将谈到，他对成功人士（他称为自我实现者）的深入研究表明，他们获得成功的主要原因不仅是非凡的智力、超常的意志，更重要的是最大限度地发挥自己的潜能以实现目标的能力。也就是说，与他人相比，这些成功人士更知道如何在工作中运用自己的才能来完成任务和解决问题。

但他们究竟是如何做到这点的呢？按照马斯洛的解释，他们靠的是了解、信任自己的内在特质，更重要的是，依靠这种天性行事。“他们倾听自己的声音……清楚自己是谁，要做什么……他们了解自己独特的生理和认知天性，而这种与生俱来的特质是不可能或很难改变的。”

在于1970年去世前不久，马斯洛开始相信这一天生的、内在的生理“核心”对雇员在团队中的工作表现具有广泛意义——甚至可能比情绪因素和社会因素都更重要。“优秀的个体可能组成一个糟糕的团体，”他的话令人难忘，“我曾经和我讨厌的人共事，不过只要他们表现出色(我就可以与他们共事)，我们不一定要爱对方才能在一起把事做好。”

肯顿适应－创新测验表

马斯洛是个聪明的学者，他知道自己是对的，世人也都赞同他的观点。可惜的是，他没来得及把这一问题解决之道的概念及其对个人和团队成就的影响付诸观察和研究就去世了。这一未竟事业的衣钵后来辗转传递到两位组织顾问身上：英国的迈克尔·肯顿博士（Dr. Michael Kirton）和美国的凯西·科尔贝（Kathy Kolbe）。他们以马斯洛的前瞻性理论为基础，各自发展了一套功能强大的测试系统。他们都认为，雇员的解决问题之道与人际关系和认知能力不同，是取得成功的基础。

迈克尔·肯顿博士是英国的一位工业心理学家，并且无疑是这一测评领域里最著名的人物。他的肯顿适应－创新问卷（KAI）不仅带来大量公开发行的研究，而且也被广泛应用于许多机构，尤其是在欧洲和亚洲。肯顿博士目前是位于英国伯克汉姆斯特的（Berkhamsted）一家职业研究中心的主任。他以诙谐的口吻回忆到："我还清楚地记得在我6岁的时候，亲戚中有一对很恩爱、很受人尊敬的夫妻居然吵架了，因为他们都想用自己的方法去找一件东西，结果起了冲突。两人都小声嘀咕说对方'笨'。我还记得我两头劝架，'不！叔叔一点儿也不笨。他一直就是这么做的。'不知为什么，这件事给我的印象特别深刻。"

几十年后，那个眼光锐利的6岁男孩成了一名公司顾问，努力为英格兰中部那些寻求变革的公司提供咨询。这些公司的经理们有些很积极地参与变革，有些却显然跟不上节奏。肯顿认为，造成这种现象的原因与经理们的动机和智力都没有关系，因为他们都很希望公司兴盛，而他们的认知能力也是没有问题的。

于是，肯顿设想存在着第三种影响人的工作成就的因素。他认为，每个人都可以在一个从“把事情做得更好”到“把事情做得不一样”的整体中找到自己的位置。他把这个连续体的两端分别称为适应性和创新性。

肯顿认为，适应者的特点是准确、可靠、谨慎和讲求方法。他们靠提高效率、追求发展以及将对现有组织的损害最小化来解决问题。而创新者既不安于现状也不尊重惯例，总是想让问题发生彻底改变，对问题进行重新定义。两者没有孰优孰劣的问题，只是它们看待问题的方式截然不同罢了。

1977年，肯顿的KAI在英国出版，随即引起业内人士的极大兴趣。KAI由32个项目组成，每一项目答案从1分到5分，最后产生出一个96分的理论平均值和一个介于32和160之间的总分。每个人的KAI总分包括三个相互关联的部分：1）创造力潜能，2）效率，3）规则/集体顺应性。一般说来，从总分上可以大致预见这三个分项的情况，不过大约有1/3的接受测试者在分项上存在着细微但重要的差别。

1. 创造力潜能

这一概念有助于了解人们在对待创造性想法的偏好上的不同。适应者通常不会产生太多新想法；而且不足为奇，他们的观念总是与现实关系密切，且总与现状合拍。与此相反，创新者总能冒出与惯例不同的新颖大胆的想法。他们的观念要么精彩而不落俗套，要么就不切实际且鲁莽，绝对不会被适应者的主流观念所容纳。“更大胆的创新者经常碰到的一个问题是，如何在纷至沓来的想法中选出最终有效的那个。”肯顿观察到：“有证据表明，这些创新者更热中于琢磨一些从未有过的想法；而适应者则更乐于从创新者那里接受一些不太怪异的想法，给自己一些有益的帮助。”

2. 效率

这一分项测验可以帮助区分人们在解决问题方式上存在的偏好。适应者一般会很严谨地界定问题，仔细记录发生过的案例，很灵巧地寻找有关资料并将数据整理得有条不紊。他们严格遵循并乐于利用现有规则。他们将创造力用来改善和提高现行组织和系统，使其更有效率。

创新者则通过着眼于更高更远的前景，以寻求效率造成的即期利益和低风险之间的平衡。他们不太在意细节，

往往努力从常规的成功法则之外寻找解决办法。肯顿承认："有时确实很难说大胆的创新者是高效的。以大多数人的标准看来，他们所做的事情没有连续性、无法预料，而且粗枝大叶。但这却是一种产生不同事物，不过不是更好事物的最有效的办法。有创造力的效率是突破传统的最佳方式——如果需要突破传统的话。"

3. 规则/集体顺应性

这一分项测验可以帮助区分人们解决问题所处的结构的不同类型。适应者严格遵守系统存在的游戏规则，并且也接受集体一致这一概念以确保合作性和凝聚力。他们也非常看重形式和秩序。而另一方面，创新者则更喜欢改变或打破组织规则来解决问题，他们也不太尊重现有结构和传统。肯顿观察到："对那些珍惜规则的人来说……（创新者）不安于现状，扰乱和平，不够可靠，容易与人产生摩擦，而且无谓地与大家唱反调。"

现在，你也许急于知道自己的KAI测验及三个关于想法、解决问题和管理的分项测验的分值。这可能做到吗？研究表明，这不仅完全可能，而且人们还可以准确猜出他们同事的KAI分值。所以KAI测验是非常有效的。

大量国际性研究也发现，创新者们常见于市场营销、企划、人力资源、时装采购及企业管理等领域；而适应者则在公共服务、成本会计、机械维修、护理以及工厂和银行分支机构的管理等领域占有主导地位。

肯顿认为，KAI 测验在对雇员量才而用和组建精干的工作团队两方面都有重大意义。比如，那些被分配到与其解决问题之道不协调的岗位上的人通常会感到紧张不安。肯顿解释道："适应者和创新者都需要量力而行……人们在用自己喜爱的方式做事时才是最棒的……如果用自己所不愿的方式做事则既有压力又造成浪费……"

在 KAI 用于工作团队组建的作用上，肯顿观察到："（那些）主要由适应者或创新者组成的团队，在对待团队组建讨论会给出的问题时，他们的工作方式大不相同。如果一个团队的三个成员都极富创造性，他们将很难合作；其中一个人需要定期从团队中退出以使自己冷静下来。这个团队将产生出非常有想像力的解决方案，但总体上将会超支。而不难想像，一个主要由适应者组成的团队会按时交出一份合乎规范的解决方案，其内容则缺乏新意，也没有充分利用现有资源。"

随着小组工作项目这一领域正在发生的全球性巨大转型，KAI 测验因其在团队组建方面的意义而受到人们的特别关注。例如，研究发现，人们的 KAI 分值差别越大，就越不容易在一起沟通和合作；两个人和两个团队之间哪怕 5 分的差别也会在以后显得很重要。因此需要有"搭桥者"（bridgers），他们是那些在团队中分值居中、可以帮助分值差别很大（20 分或更多）的成员沟通的人，就像一

座桥一样。肯顿强调，创新者和适应者的最佳搭配比例取决于团队所要达成的特定目的。

在了解了适应–创新维度理论后，我们是否可以改变自己的、由KAI所衡量的解决问题之道呢？或者解决问题之道多多少少是我们的一种永恒不变的心理组成吗？研究结果显示，我们在适应者和创新者整体中的位置与我们的儿童晚期（如果不是更早的话）有关；这一位置极少变化，在我们的一生中都将保持相对的稳定性。

肯顿特别引用了注重生物因素研究的学者，如罗伯特·克隆尼格博士（我们在前面第2章详细介绍过他）等人的研究成果。肯顿认为，KAI所测量的心理层面可能源自我们的内在气质，而且受遗传影响。例如，人们探究新鲜事物的行为上的不同与D4中一个多态性的、多巴胺受体基因有关。

科尔贝指数

测试解决问题之道的第二种很有影响的工具是由组织理论学家凯西·科尔贝（Kathy Kolbe）在过去10年里所创立的科尔贝体系。科尔贝的父亲是职业心理测评领域的开拓者旺德里克（E. F. Wonderlic）。在两本很有影响力的书中（《意念的联系》和《纯粹的本能》），科尔贝详细阐述了自己的观点；第三本书，《工作环境中的解放》，则作了进一步说明。虽然她的这些心理学方法刚刚开始在学术研究中显露锋芒，科尔贝的客户名单上就已经出现了许多著名的大公司，包括美国运通、亚瑟·安德森、IBM、施乐及英特尔等。

与肯顿类似，科尔贝也是从实用的组织研究，而不是纯粹的学术理论中发展出自己的观点及有关的测试工具。在研究了50多万份个人资料后，科尔贝积累了相当客观的证据。这些证据表明，人们在解决问题的方式上存在的倾向与智力、性格、培训和教育等都没有关系，而且这种倾向非常稳定、不易改变。在科尔贝看来，这一领域涉及“意识的某种执行功能：某种天生的、行动指向的、潜意识的、保护性的、绝对不是后天学来的，而且显然是人们必需的东西”。

肯顿建立的是一个单独的、可以用于所有人的连续体（也即：创新者和适应者），而科尔贝则定义了4种不同的方式：1）事实发现者，2）后续者，3）迅速启动者，4）完成者。这些概念指的都是日常生活中的办事方式：我们怎么做才能解决问题、应付挑战以及面对新情况，而不是我们如何感觉。

所以，事实发现者探究和收集信息，后续者规划和制订进度表，迅速启动者提出创意并承担风险，而完成者则最终加以实施。这些方式都来自我们的意识，科尔贝称之为意念（conative，字典中指意志或意志力）的部分。

科尔贝体系包括数个评估工具，其中最基本的是科尔

贝 A 指数。这一指数经过数年的发展演变产生了创造性思维测验，因其创造者认为她测试的是人的意念。在科尔贝 A 指数中，接受测试者会被问到 36 个与解决问题之道有关的问题，他/她要从四个答案中选出表明他/她最可能和最不可能做到的那个。

对每一种方式——事实发现者、后续者、迅速启动者以及完成者——接受测试者的分值会列成一个 10 间隔量表。该量表反映接受测试者在某一特定方式下的自然取向，是 1）着手行动，2）应付需要，还是 3）防止问题产生。这样，科尔贝就确定出 12 种不同的、似乎具有普遍性的“反应因素”，或称问题解决方式。“虽然每个人都可能用到这 12 种方式，但其中只有 4 种——每一行为方式中各有一种——是他/她的本能反应，或者说天生的本领。”这些驱力的组成因素决定了一个人的行为方式（Modus Operandi，MO）。

科尔贝强调，人的解决问题之道是天生的，因此不受外力影响而发生改变或改进。在这一重要情境下，意念活动似乎与大量证明生物气质在人的发展中起作用的证据有关。科尔贝还认为，人在反应因素上的差异在婴幼儿时期就有明显表现，而在小学时期就可以衡量到了。她的研究清楚地表明，雇员的行为方式（MO）即使在高强度的培训结束后也不会有明显改变。

像肯顿一样，科尔贝的观点同样令人信服：当雇员按照他们喜欢的方式做事时，他们作为个人以及作为团队成员的工作效率都很高；否则，压力和矛盾就产生了。在科尔贝看来，本书前面所谈到的工作中的许多矛盾和冲突就是因为雇员不能按照自己的方式做事而产生的。

科尔贝还认为，每个人在每种方式中都能发挥其创造力，所以一个人的问题解决模式不存在所谓“更好”或“更差”的分值——这与认知测验和性格测验都不相同：高 IQ 显然比低 IQ 更令人羡慕，而更强的自我肯定或自我实现动机也比更弱的这种动机更受人欢迎。例如，一个执著于史实和细节的事实发现者可能是团队的一笔巨大财富，而一个抵触的事实发现者也可能会对其他人有所帮助。同样地，一个乐于助人的事实发现者会起到弥补个人或团队间差异的作用。

所以不难理解，科尔贝将意念与高度发展的管理理论直接联系起来，认为我们奋斗的本能“驱使我们提高自己的办事效率，形成争取自由、呼唤自我实现的那个内在的自我”。

正如科尔贝的理论所预测的，相似岗位上的成功雇员所具有的行为方式一般都会在一个特定的“成功范围”内。关于这一点，许多职业都已找到有利证据，包括会计师、律师、工程师、营销经理、工厂推销员以及民用飞机驾驶员等。值得注意的是，统计数字表明，行为方式与文化、性别和种族都没有关系，这是 EEOC 指南认为科尔贝择员程序很公正的一个重要原因。

科尔贝 A、B 和 C 三种工具一起使用对最大限度地提

高组织效率非常有效。科尔贝A可以确定一个人的行为方式，科尔贝B将其与该人对工作特点的理解进行比较，科尔贝C则再将其与该人的上级对工作特点的理解进行比较，从而找出“合适的雇员”。在过去10年中，科尔贝发现，有大约70%的雇员所处的职位与其行为方式不协调，这对组织和个人的工作效率都是不利的。

科尔贝特别强调，她的理论并不只限于就业指导，可能更重要的，它是一项提高团队工作效率的工具。科尔贝的理论发展了马斯洛的“整体效应”最佳这一概念（整体大于部分之和，就像一支篮球队一样），借助一整套与工作表现有关的互联网语言，科尔贝为衡量团队中存在的“整体效应”提供了一种实用工具，在预测盈利性、交货及时性及其他工作表现标准方面的准确率高达80%以上。

科尔贝分析了许多影响团队成功的因素，例如冲突、极化、惰性和意志减退等。除非意念因素获得很好的平衡，否则这些紊乱状态将不可避免。科尔贝最近在一次管理培训研讨会上谈到：“你和一个外向型的人及一个内向型的人一起做一个市场推广项目这并没有什么。这二者只是性格特质，如果它们有任何‘真实的生活’意义的话，那也与工作无关。所以，可能只是这个外向型的人和这个内向型的人成不了好朋友罢了。”

“但是，意念因素却对工作效率意义重大，并进而影响其盈利性。例如，如果让一个执著的事实发现者和一个抵触的（resisting）事实发现者共同执行一个记录登记系统，或者让二者再与一个抵触的迅速启动者合作开展一项新的市场营销活动，你是在自找麻烦。为什么？因为前一种情况会发生直接冲突，而后一种情况会在团队里产生惰性情绪。两种情况下，取得成功的潜力都被限制了。”

在用科尔贝的理论来研究一个集体时，首先需要确定的是：这个集体真的是个团队吗？严格地说，一个集体要符合以下3个条件才是一个真正的团队。

1. 成员们共同努力，以完成分派给该集体的、既定的、可明确测量的目标。
2. 成员们为集体的效率而对彼此承担责任。
3. 每个成员对集体都具有影响力，并为集体的目标努力。如果每个人的价值并不只是被简单地评估，而是对集体决议过程有重要影响，那么他/她所具有的内在能量就都会发挥出来，贡献给集体的共同事业。

肯顿和科尔贝都敏锐地指出，在衡量人的行为时，人们长期以来太关注于认知和人格两方面了。在人们如何最有效地完成任务和解决问题等方面，心理学应该扩大其视野。凭着对组织干预的切实记录追踪，这一学说为世人提供了新颖的“第三种方式”来衡量和优化雇员个人和团队的工作成就。

第 11 章
自我实现

在当今员工评估的领域中，发展最快的是确定和发展“顶峰成就者”（peak performer）。越来越多的管理者认识到，员工的动机在决定企业成功中具有非常大的作用。虽然高素质个人和组织的动机仍然还是心理学家要充分研究的严峻任务，但是一场具有决定性意义的概念转换已经发生了。

由于经济学、人口统计学、心理学和社会原因的推动作用，依靠威胁进行管理的状况已经从根本上消除了。尽管确实还有些令人反感的、素质低下的老板存在，但威胁已经不再如过去那样有效了。在经济形势出现空前劳动力短缺的情况下，私人和公共部门如何招收和保留工人（比如，通过唤起他们的动机）已经成为人力资源部门的头等问题。在这个领域，自我实现的概念已经变得非常重要。

强调个人创造性、价值观和实现，已经不再被认为是不切实际的了。这个见解与心理学人本主义学派的关系非常密切，该学派创始人是心理学家亚伯拉罕·马斯洛。我们在第2章中讨论过，他发展出来的基于生理基础的人格模型——同时也承认文化影响——取代了弗洛伊德主义和行为主义的概念。

他的先天需求层次理论认为，任何人从出生起就具有一定的心理、生理上的基本需求，包括安全的需求、归属与被爱、尊重和自尊的需求。每一个层次的需求都要得到满足，而不能忽略或跳过。当一切具备的时候，我们最高层的需求——自我实现就变得重要起来。“音乐家必须作曲，画家必须绘画，诗人必须写作……才能最终获得平静。”马斯洛在20世纪40年代中期写道：“一个人要成为他可以成为的人，这种需求就叫做自我实现。它包含了个人对自我完善的渴望，也就是说去尽量发挥个人的潜能：实现一切可能实现的事物。”

在其后的25年中，马斯洛进一步指出，职场是一个有着较高动机的人自我实现的关键领域。他确信就像著名科学家、数学家、作家、艺术家、音乐家、教育家在他们各自领域内所体验到的巨大成就感一样，如果工人有机会毫无阻碍地表达自己的人格“核心”，他们也可以自我实现。并且，人们工作动机越强，成就感就越强，就越具有创新能力，更有效率。马斯洛的目标就是激励人们朝着自己的高级需求努力。

“做你能做的一切”是越战时期美军征兵标语，这一选择并不是由于市场营销或公共关系事件影响的结果。在70年代，马斯洛心理学虽然形式简单，却吸引了婴儿潮时期出生的大批年轻人，包括那些有可能服役的人们。同时，这一理论也引起了著名管理学思想家的兴趣，比如说彼得·杜拉克和沃伦·贝尼斯（Warren Bennis）。他们认为马斯洛的先天需要层次论将以前各类动机理论结合成一个有机的体系。马斯洛的理论对商业和政府管理都产生了巨大的影响，他的成就为他赢得了国际声誉。

在70年代后，虽然马斯洛已经逝世，但是他逐渐成为管理理论的领袖。随着经济的快速增长，日本、中国和其他国家地区也掀起了研究马斯洛管理理论的热潮。这种管理上的变革是早在马斯洛的预料之中的。他说："旧的管理模式会逐渐地被淘汰……人们的心理越健康，越会认识到生存管理在竞争中的重要性，有着完善政策的企业才会成为竞争中的领头者……这就是为什么我对明智的管理持有乐观的态度……为什么我认为明智的管理会在未来产生影响的原因。"

自我实现的测量

乐观态度对商业实践来说是件好事情，但是人本主义学派在多大程度上能准确地评估雇员的动机程度呢？显然，马斯洛并没有出版或设计出一个测量自我实现的工具，他也没有做过类似的咨询。似乎，马斯洛作为人格测验的一位奠基人物而没有发明一项用于测量自我实现动机水平的量表是令人遗憾的。

实际并非如此。虽然自我实现的理论展示给我们的是一种迷人的、乐观的和鼓舞人心的人格，但是开发精确测

验工具的任务却在历经 30 多年之后失败了。许多的努力都证明，这种开发是不成功的。为什么呢？

让我们先回想一下第 5 章讲的测验的结构。假设我们要开发一个筛查不诚实的工作申请人的量表。为了完成这个任务，我们必须首先区分两类“标准性群组”：不诚实的雇员和诚实的雇员。

这并不是一个艰难的任务。几乎所有的公司都会拥有员工档案（如果不这么做，他们将冒很大的法律风险），其中一些相关的信息记录了工作终止的原因。一旦一大批工人完成了员工预选的诚实度测验，其中一些人在工作两三年后因为偷盗、怠工或者其他不诚实行为被开除，还有部分是没有被开除的员工，或者遵守纪律的员工，那么就很容易比较他们在所有测试中的得分。

在今天的商业社会中，一些被广泛使用的诚实度测验被证明是有效的，虽然不是 100% 准确，却可以从稻苗中筛选出稗草，防止雇用一些在眼皮底下从事偷盗行为的员工——不管是在百货商店、银行或医疗护理机构——心理测验确实可以帮助做到这点。这就是美国企业为什么愿意在这些测试工具上花费几十亿美元的原因，你明白了吗？

现在让我们回到马斯洛的自我实现理论上来。如果要发明测量自我实现的值得信任的工具，那么需要首先确定处在个人成就顶峰和处在相对较低水平的员工。但是，我们如何定义成就呢？通过收入？上级评定？提升速度？工作满意度的自我描述？360 度评估？旷工或其他身体健康等类似因素？

马斯洛从来没有把“自我实现”看做一个非此即彼的概念，而是看成一个多层次金字塔的顶点，这个金字塔是由动机和需要构成的，它对于分辨员工各种各样的个人实现水平非常有帮助。这要求对员工额外的分类和区分。

现在，自我实现评估是否显得比第一眼初看时要复杂许多？当然。请记住：马斯洛从来没有在自己的著作中清楚说明自我实现是成就、协调和满意的内在状态，它是否需要效度的外在指标。比如说，两位律师曾经是法学院同学，都是42岁。

马里逊是声名显赫的纽约公司初级合伙人，年收入超过150万美元，在律师行业中赢得了职业声誉。由于参加一些著名案件，在律师界中知名度非常高。马里逊与著名的政治人物互相称兄道弟——每周固定工作70小时，没有时间顾及爱好、个人兴趣和朋友，更不要说组建家庭或者参加社团服务。爱琳森住在郊区，干着一份兼职的法律临时工作，抚养两个孩子。她喜欢和自己的丈夫外出远足，喜欢参加当地PTA的志愿工作，爱琳森有很多朋友。当然，她没有赢得职业声誉，收入不及马里逊的十分之一，不用说，她交往最多的就是他自己孩子的玩伴了，而且是他们在自己家的餐厅地板上玩耍的时候。

那么，马里逊和爱琳森，谁的自我实现程度更高？由谁来决定？是依据个人自己生活的幸福程度，还是对社会的贡献？你是如何评价这两个变量的？如果你知道马里逊已经陷入热恋之中（或者相反，由于溃疡正在住院），或者爱琳森的丈夫刚刚失业，你会改变你自己的看法吗?

显而易见，在员工中，评估自我实现远比确定谁可能在商店中偷窃物品，谁将表现出愤怒或谁可以埋头工作一天更为复杂。马斯洛非常清醒地认识到这个问题，也许这就是他为什么从来没有尝试去设计测验的原因。然而，他坚信自我实现是应该，也是能够被测验的。

实际上，在晚年，马斯洛描绘出一幅灿烂的长期研究计划，但是很可惜，他从来没有付诸实践。每年，在他曾经任教的布兰代斯大学，新生都会接受人格测验，如罗夏墨迹测验、主题统觉测验等等，同时还测试每个人的自我实现趋势。然后，会在这些人的生活中每隔 5 年或 10 年重新进行心理学评估。这样一个纵向追踪研究产生了空前的科学相关知识，包括个人人格、智力、动机、职业成就、生活满意度、心理健康甚至身体健康、死亡率。

根据这个研究设计来看，马斯洛一定受到斯坦福大学心理学家刘易斯·托曼的影响，他的研究小组追踪一组智商出众的大学生，时间长达几十年。不幸的是，还没有社会科学家实行马斯洛在 60 年代末期设想的雄心勃勃的心理测量工程。

最著名的自我实现测验是个人定向问卷（POI）。由加利福尼亚的心理学家艾福瑞·萧托姆设计，最早在 1963 年出版发行，至今仍然是一个非常有用的测试工具。尤其是对员工在工作满意度、情感耗尽等方面的测试中，POI 在组织咨询中获得了大批追随者。它同时在教育、健康护理、娱乐等领域中非常普及，这些领域都具有很强的服务性定位。

萧托姆与马斯洛从来没有过私人交往，可能与他们住在不同的海岸有关。他们在学术上保持联系，马斯洛评价POI是一件测量自我实现的有价值的工具，尽管其中还有不确定之处。但他明白，为了人本主义理论关于高层次动机的观点可以被绝大多数经理人和行政人员接受，心理学急需发展出这样的工具。

从本质上来说，POI包括了150道双项选择题和行为判断。每个项目被记分两次，第一次是两个人格定向基本量表（内在导向支持〈inner-directed support〉和时间能力〈time competence〉），第二次是10份亚量表，每份量表测试自我实现的重要概念特征。内在导向支持指的是建设性地进行自我引导的能力，时间能力指的是人们享受现在，同时对将来做有意义规划的能力。根据萧托姆和马斯洛的观点，这些是自我实现的人所具有的关键特征。

POI的10个亚量表涉及：1）自我实现价值观，2）存在性，3）情感活跃度，4）自发性，5）自我关注，6）自我接受，7）人类本质－建设性，8）协同，9）攻击接纳性，10）亲密交流能力。这些概念虽然抽象，却反映了人本心理学基本原则。处在情绪健康顶峰的人接受自己，流畅地表达自己的情感，对自己的决定负责，用积极的眼光来看待生活，与他人友好相处。

如果你觉得其中一些特质听起来有些熟悉，你的感觉是对的，它们就是现在组织理论家所说的“情绪智力”的基础——虽然POI省略了属于同情心的特质，同时目标瞄准了测试更加高级的人格形式。在这个背景下，相关的是POI亚量表中的情感活跃度、自发性和亲密交流能力。如果员工对自己的情感、情感交流能力和与他人紧密合作的能力缺乏觉察，那么他们的情绪智力并不会得到好的评价。

POI测验中能否通过作弊获得更高的自我实现成绩呢？具有讽刺意味的是，研究显示，当个人被要求弯曲自己的反应，以期获得好印象的时候，结果在不同的POI亚量表中得分偏低，包括在存在性方面。举个例子来说，在“我总是服从社会规范和标准”，或者“我有时候反对社会规范和标准”等问题上面，作弊者同意的回答要多于我们所期待的正常数量。

这意味着什么呢？从表面上来看，伪造自己在自我实现程度上的努力在POI中是达不到预期效果的，他们只是试图显示自己服从和遵守纪律，来掩盖更多的独立意识。其实他们误解了自我实现的真正内容。

令人觉得奇怪的是，POI来源于马斯洛所强调的自我实现的高度，但是却没有关于成就动机、顶峰体验的成就感的亚量表。而且，它对于自我接受、自我关爱等情绪健康的关键方面很少强调。从这点看起来，POI的测验项目看起来有些过时，美国关于个人成就的价值在过去的35

年里面发生了重大变化。

毫无疑问，不仅是对 POI，自从心理测验于一个多世纪前出现以来，它们都反映了测试编制者个人的独特性和偏见。如果仅仅是这个原因，而没有其他的理由，那么在员工评估中，就应该使用多种测验方法。

目前还可以找得到哪些其他自我实现的测验呢？在蒙特利尔的谢布鲁克大学，里查德·勒方松博士和他的同事设计了一套叫做实现潜能测量的工具（Measure of Actualization Potential，MAP），用来确定成功和能力出众的人才。MAP 在 1997 年出版，由 27 个项目组成，突出了两个概念：自我觉察和对经验的开放性。

有趣的是，有关自我实现测试工具的研究正在日本和中国进行。在东京琉球大学，Yoshikazu Ueda 教授花了几年时间根据马斯洛的概念，构建了健康人格问卷，现在服务于教育目的。

Ueda 的 8 个维度是：1）统合，2）自我客观化，3）社会适应性，4）社会独立性，5）情操，6）情绪稳定性，7）自我控制，8）自发性。Ueda 博士对情绪健康——诸如自尊——所给的权重低于 POI 测量，这可能反映了在日本强调人际关系，而不是个人主义趋向。

在与 Ueda 教授和其他日本心理学家、管理咨询师讨论的基础上，我最近设计了一项自我实现测试，名字叫做霍夫曼自我发现问卷（Hoffman Inventory of Self - Discovery）。它由 100 个问题组成，通过 5 点量表来表示。根据马斯洛的观点，我们可以预测自我实现的人具有比一般人高的动机和生活目标，这些生活目标是高于那些追求安全、归属感、爱、自尊和尊重等基本要求的。HISD 有 14 个亚量表，比如成就动机、主动性、追求新异性、亲密感和领导权等等。作为一件咨询工具，HISD 已经被证明对个人核心价值进行分类是非常有用的（比如，现在什么可以使人在工作中感到满足，是否重要的自我需求还没有得到满足）。

亚洲另外一位自我实现理论和应用的卓越研究人员是许金声教授，他供职于北京社会科学院。根据他的观点——这也是马斯洛在晚年强烈主张的——人本心理学为了实现自己所有可能的目标，它必须超越西方文化——比如说个人主义、物质主义等等。

举例来说，许博士指出，在中国和其他一些亚洲国家，工人在自身基本需求得不到满足的条件下（比如，没有高工资或宽敞的房子），常常更加发奋地工作，自己处在一个更高的自我实现的动机水平上，表现出创造性、纪律性和智力成就。许博士暗示说，在美国，如果基本要求得不到满足，往往导致员工心灰意冷，情感耗尽。

什么可以解释员工动机中如此重要的文化差异？这是一个全新的问题，也是将来中美联合管理风格中一个重要的应用领域。在过去的几年里，我和许博士一直在发展一套动机模型，试图成功地融合东西方关于工人自我实现的概念，只有这样，那些组织机构才可以更加有效地了解和培养员工的“自我实现”。当然，将来的全球化对这个问题和方法的要求——成就和自我实现人格的可行的心理测量方法——日益迫切。

第 12 章
精神性：未开垦的处女地

你的工作是否赋予你的生命某种意义或目标？它与你本人生活的其他方面关系密切吗？是否给你的生活带来了喜悦或幸福感？在日常工作中，你是否时常会产生一种超脱的感觉？毋庸置疑，在不久以前的组织世界中，谈论类似的问题即使不令人感觉古怪也是略显唐突，然而，当前人们在这些问题上的态度正悄然发生变化。

今天，在各行各业中，无论是邮件处理间的职员，还是会议厅里的各位董事，他们都毫不例外地在追求职业的更高层含义。有些人把这种追求称为“内在的自我实现”，还有些人则认为是“在职场中寻找上帝”。然而，这都无所谓。重要的是它在当前已成为一个专门的领域，正引起人们前所未有的关注。与以往不同的是，管理方面的咨询人士和心理学家都急切地涌向这一领域，以填补这方面理论研究或实际操作的空白。相关的评估手段及培训项目在市场上炙手可热。尽管这种趋势可能最先源于一些规模较小的家族企业，但它现在的影响已波及到诸如摩托罗拉、施乐等大型公司。

无论在极具影响力的报刊中，如《华尔街日报》，还是在一些专业性刊物或机构，如《管理行政学》、《斯隆管

理评论》等上面，评论员不再对这一主题进行冷嘲热讽。这在一定程度上可以归结为：就业机会均等委员会(EEOC)或其他一些机构颁布并实施的一些方针政策，维护了雇员宗教信仰自由的权利。

另外，著名的公众人物，例如奥帕拉·温弗瑞和议员约翰·麦凯，都在大肆宣传他们各自的心路历程。至少，这种举措的回报是丰厚的，因为我们可以看到，从个人角度来阐述宗教和精神的图书已经成为最赚钱的一类出版物。同样，在过去的 25 年中，宗教电台和电视节目增长了 4 倍，而且当前所呈现出来的这种增长趋势还将长期保持下去。

商业著作中，我们再也见不到讽刺性质的笑话。与此相反，当前管理领域关注的焦点已转为如何最大限度地激发起职员在精神性方面的渴求，但同时又避免与宗教信仰不同的职员接触时所可能引发的违法事件。

究竟是什么原因在推动这次缺乏引领者却发展如此之迅速的运动呢？当然，这一运动背后隐藏着多方面的原因，其涵盖范围非常广，包括美国二战后生育高峰期出生的这一代人对中年生活意义的探求，以及全球经济稳步发展和因特网普及所带来的益处。一些观察家认为，美国现在正处于所谓的“宗教复兴”阶段，这是人类社会循环发展的必然趋势，其影响波及到许多机构，并不仅仅局限于工作场所。另外一些评论家则强调，这是由于企业广泛地缩减规模、重组机构，日新月异的高科技不断发展以及传统职业模式日渐消失，在工作方面给人们造成了巨大的压力。

塞姆·麦汉姆博士是新泽西精神疗法和精神成长中心的主管，曾经写过两本有关祈祷和咨询方面的书。他认为："许多来参加精神疗法的顾客都抱怨，他们当前的职业使得他们的生活出现了某种程度上的精神空虚。他们希望能通过这种性质的咨询，使他们的工作变得有意义。现在该是公司把精神层面的价值和意义融入公司为职员创造的工作环境中去的时候了。"

麦汉姆博士的这种观点代表当前的主流意见。专门服务于公司的牧师现在数以千计，他们所从事的职业正日益成为一种繁荣的行业。管理学会在其2000年年会上给予"工作场所的精神性"这一主题以空前的关注，发言者一个接一个地强调开发新的手段来满足职员在这一至关重要领域的需求的重要性。

研究人员还表明，虽然雇员的精神性显得有些过于理想化，但它确实能给组织和个人带来诸多实实在在的好处。例如，有清楚的证据表明，心理的健全与生理的健康密切相关。同样，在精神性和生理性测试中，获得高分的人也是那些与理想体重最为接近的人。另外，研究人员还发现，一个心理健全的人能够通过自我调整，从而更易接受透析治疗，更能经受癌症造成的苦痛，而且也会大大降低患高血压的几率。

西格蒙德·弗洛伊德曾把宗教蔑称为情感弱者和不成

熟者的拐杖，而且在他以后的心理学家也倾向于以消极的方式来看待精神性。但与弗洛伊德学说的早先遭遇一样，上述观点很快就受到驳斥，因为研究结果强有力地证明，真理站在上述观点的反方。

那些定期参加宗教仪式的人在生理和心理方面都要比其他人更健康，那些定期祈祷的人表现出对生活的满足程度普遍要比其他人高。同样，在精神性量表上得分高的人更易处理精神病理学方面的一些症状，如焦虑、消沉（消沉占美国社会心智方面发病率的第一位）。

研究还发现，精神性的健全与自信、果断、乐于助人、乐于表扬他人等品质之间存在着必然的联系，而这些品质构成了我们在今天的工作场所的情绪智力。

以上所描述的这些心理效果是显著的，并不像人们以前认为的那么无足轻重。尽管目前很少有专家指出精神性健全本身就是缓解压力的一剂良药，但一系列实实在在的数据证明，冥想对于职员缓解压力，减少体力或情感透支等方面确实有非常大的帮助。以精神性为基础的一些相关项目极具成本效益，因此，即使单单为了减少招聘、筛选、旷工等所造成的成本支出而引进这一类项目，主办人也必将从中获得巨大的经济效益。

然而，这一类项目应该如何开展呢？评估在这一过程中扮演什么样的角色？正如《工业周刊》最近的一篇文章中所强调的那样，假如 CEO 能够致力于该项目的话，那么，在项目过程中，他们将发挥重大的作用。当前，许多

CEO毫不顾忌地展现他们的宗教情怀，因为他们坚信，精神性不但有助于完善他们的人格，而且还能使他们成为效率更高的管理者和领导者。

但是，要想把精神性融入到工作场所中却并非易事。首先，这涉及到我们如何准确地去定义它的问题，因为定义上的混乱往往会阻碍有效的技术手段的出现。研究人员现在主要区分的是外在的精神性（拥有正式的宗教信仰，参与正式的宗教仪式是其典型的表现）和内在的精神性（立足于个人的态度和感受，并不一定要牵涉到某种具体的宗教信仰）。我们所推崇的项目应该基于后者的意义之上，其大致形式包括有导向性的冥想、瑜珈、太极拳和意识专注训练。

法律上的考虑

尽管就业机会均等（EEO）法的颁布迄今为止已有35年的历史，但美国的雇主仍在努力地去试图理解并有效地处理员工在工作场所的权利和需求。当前的环境复杂多变，这与当初EEO法起草者所看到的情况已大不相同。

虽然原有的法律也涉及宗教事务，但当时的重点在于许可工作场所以外的宗教仪式，于是一系列的麻烦也由此产生。例如，在百货商店工作的犹太人星期六不能上班，而星期六则是零售行业一周中最繁忙的一天；又如，犹太男子坚持要在工作时戴着他们传统的圆顶小帽。由于原先的法律并未涉及到这些问题，所以处理起来就会非常棘手，但就公司的管理层面而言，这些问题都是不可避免的。

今天的工作场所使得公司的管理者面临更多亟待解决的宗教问题。其原因之一在于新兴科技、全球竞争、规模缩小化等现象或趋势的出现使得越来越多的雇员试图在各个方面，包括家庭和工作中，寻求他们生活的价值和意义。另外，近年来，来自加勒比地区、拉丁美洲、印度、巴基斯坦、菲律宾、孟加拉国的移民数量增加，构成了美国多民族融合的劳动大军，而这些人的宗教信仰都各不相同。

许多这种趋势的支持者认为，雇主可以通过一些巧妙而有效的方法来处理工作场所中涉及的宗教问题。例如，1997年，人力资源管理协会（SHRM）开展的调查公布了就业机会均等委员会的一项统计资料。该资料显示，1996年最为常用的方法是公司让员工休假，让他们参与宗教仪式。这种方法的使用要比第二种方法高出两倍多。居于第二位的方法是在工作场所展示宗教物品。紧随其后的是在工作休息期间开展一些宗教仪式、学习或讨论。另外，还有一些职员提出在工作时身穿宗教服装，佩带宗教饰物，甚至劝说同事改变宗教信仰。

在工作环境多样化这一方面，人力资源管理协会的调查结果与1997年《财富》排名前1,000位的公司所提供的资料几乎是完全一致的。其中，约有 1/3 的公司已设置多种项目来处理宗教差异或分歧。他们的方式都包括提高对公司内部宗教差异的总体认知，讨论各种宗教模式，主持有关宗教歧视和宗教信仰自由的专题讨论会。

另外，有趣的是，40%的公司代表都认为宗教教义和价值观是他们的企业文化不可分割的一部分。然而，虽然有超过 85%的代表表示他们的公司为员工提供合理的宗教特许，如允许员工参加宗教节日，穿着宗教服装，佩带宗教饰物，但在员工宗教学习或祈祷小组方面，他们中绝大多数都尚未制定专门的政策。

具有讽刺意味的是，相关司法解释要求具有宗教信仰权的雇员必须进行相关测试，以确认他们的信仰的真诚性和意义。通过冥想、显圣或灵魂沉思等方式来寻求精神性在美国的员工当中已经日益盛行起来。其盛行的原因也正是由于这些方式仅仅是员工个人的权利，还算不上是正式的宗教。其中实质性的问题在于，那些具备正式宗教信仰的员工往往要求能获得与没有宗教信仰的员工同等的权利。

评估工具

在设计精神性项目时，实施者通常会碰到一个关键问题，即如何把精神性巧妙地融入到员工的生活中去？活跃

于这一领域的心理学家强调，内在的精神性培训试图优化个体的自尊意识以及对他人的尊重。麦汉姆就曾说：“仇恨这一情绪，不管是针对自己，还是针对他人，通常都是精神方面的忧虑的根源。所以，应该把这一情绪放在首位，认真对待。另外三种不良的情绪分别是恐惧、内疚和自卑。”

他还说：“害怕成功以及所谓的冒充综合征在工作场所中随处可见，因为很多公司中的高层人士由于不自信而暗自担心，说不好某一天自己会由于不称职而被炒鱿鱼。”

在与麦汉姆博士等数位学者的合作过程中，我还意识到，精神性的开发有助于培养员工镇定自若的气度，充满活力的身体素质，良好的人际关系，以及享受日常生活的能力。为了达到以上的目标，我们可以借助哪些工具呢?

虽然心理学中对这类工具的研究已经有半个多世纪的历史，但总的来说，这些工具都仅仅局限于宗教认知、信仰开发、生活方式和性格特征等方面。50年代，由人本主义理论家戈登·阿尔波特开发的宗教倾向调查是其中最为完善的一种。它主要侧重研究宗教活动或宗教信奉中的个体特征。尽管这些工具可能的确有助于研究内在的精神性，但他们与工作环境中所涉及的问题的相关性并不是很高，而且有时还可能会与就业机会均等委员会的方针产生冲突。因此，当前人们对于从非宗派的角度来开发评估工具的兴趣越来越高涨。

当然，在这一领域应用最为广泛的是一种被称为心理健全量表（SWBS）的工具，它是由克雷格·埃里森和罗伯特·帕劳缇于1976年在纽约的联合神学院提出的。基于研究环境的不同，如各个大学和学院，诊所和医院，甚至包括滑雪俱乐部和联邦监狱等，从SWBS又衍生出了多种相关的研究。到现在为止，这一工具被用来评估职业妇女、军队人员、护士、家庭主妇、大学生和青少年、住院的病人、老人、福音派基督教徒和无神论者等。

SWBS的开发主要是由于对包括宗教层面和世俗层面在内的生活质量缺乏系统性的主观维度测试。这种工具包括20个测试项目，包含两个亚量表：1）宗教层面的健全（意指个人对上帝的感知），2）世俗层面的健全（意指个人对生活意义和目标的理解）。

SWBS在信度和效度方面也日臻完善，而且它还显示出与个人定向问卷的合理相关（上一章已强调过，POI是对自我实现的测试）。鉴于宗教在美国社会的西班牙社区中的重要性，SWBS已被翻译成西班牙文，并且具有高度的内部一致性和重试信度。

其他四个测量工具也有必要提及一下。与SWBS一样，它们主要被应用于员工的专题讨论会，而不是出于筛选或提升的目的而被使用。由乔治·华盛顿大学的汉密尔顿·毕斯理开发的精神性评估量表（SAS）是一种非常有潜力的测试工具，共包括30项测试指标。毕斯理本人把精神性定义为“与超然之间的一种信仰的关系”，他的研究主要侧重于组织行为世界中的精神性特征，如诚实、谦卑

及服务于他人的精神。

以 SAS 为基础的研究显示，在组织世界中，精神性似乎包含以下 3 个多少相互独立的方面：1）与超然之间的一种信仰关系，被毕斯理博士称之为“神圣的精神性”；2）心理上的精神性，与第一类有点相像，但缺乏对超然的信仰；3）非精神性，伪装之后的一种精神性，但实际上，当考虑到重要的人格特性时，无论精神性上还是心理上都不属于精神性范畴。

精神性评估问卷（SAI）是从犹太教的角度出发来测量精神成熟程度的偏理论化的工具。在持有不同宗教信仰的人或无神论者看来，这种评估工具可能带有一定的歧视性质。SAI 是由约翰·豪和乔治·爱德华于 1996 年设计的，共包括 43 个测验项目，按 5 分制来计算。SAI 虽然在测试精神成熟程度以及生活质量上非常有用，但它却不能保证较高的信度和效度。犹太教的出发点在某种程度上限制了它的有效性。

核心精神体验指标（INSPIRIT）是由心理健康领域的里奥·卡斯和他的四位同事于 1991 年设计的。它旨在测试精神性的两种核心因素：1）致使个体相信上帝存在的某些经历，2）他或她对上帝在心中的领悟。INSPIRIT 是一种由 7 个问题构成的测量工具，其中前 6 个问题分别依据不同的回答给予打分，而第 7 个问题则又分为 13 个部分，这 13 个部分中的最后一部分是让被试者描述自己的心灵体验。由于大家公认，信度和效度较高，因此它虽然简单，但具体操作证明，INSPIRIT在评估精神性方面还是非常有效的。尽管INSPIRIT在测量个体对上帝或某个超自然的力量的核心体验方面作用巨大，但它的使用范围也相应地局限在持有这类信仰的人群中。

精神性量表（SS）是由罗伯特·杰格尔斯和他的一些同事共同开发的包括20项指标的一种测试工具。它是专门用来从非洲文化角度出发评估精神性的一种工具。它以非洲精神性的核心理念为基础，例如，他们坚信人死后会进入另一个世界，并与其祖先保持某种连续性。SS具有很高的信度和效度。但在测试过程中，非洲裔的美国人和欧洲裔的美国人之间呈现出较大的差别，所以SS似乎过于偏重从非洲文化的角度来评估精神性。其中一个非常有趣的发现是，不论被测的文化背景如何，女性的得分总要比男性高。

最后，第7章已强调过，迈－布二氏类型指标（MBTI）在研究工作场所方面具有一系列的优势，但应该注意的是，它对评估精神性的帮助也很大。虽然MBTI既不评估个体的心理健全程度，也不评估宗教行为，然而，彼得·理查德森在其《精神性的4个纬度》一书中表明，MBTI为精神性的评估和设计提供了一种极具价值的方法论。

理查德森声称，他所提及的4种荣格人格类型都各有其特定的倾向或者可以说是“旅程”。MBTI有助于我们更好地理解我们自己的精神之旅以及其他3项精神类型。他

还坚持："这4种类型的精神性，每一种都会被吸引到能最大限度发挥它们作用的环境中。它们之间虽然在某些地方有些类似，例如它们有一样的空间、项目和精神活动，但每一种类型必须被运用在与其自身特性相吻合的独特环境中，才能发挥出最大的效用。"

理查德森对这4种旅程的命名分别是：1）统一之路，2）献身之路，3）工作之路，4）和谐之路。统一之路指的是那些直觉型的思想家（NT）所选择的道路，他们占人群的12%，代表人物有佛祖和阿尔贝特·施韦策尔，以及数量众多的神学教授。献身之路指的是那些理智型的感知者（SF）所选择的道路，他们占人群的38%，代表人物有穆罕默德。工作之路指的是那些理智型的思想家（ST）所选择的道路，他们占据人群的38%，代表人物有孔子和摩西。和谐之路指的是那些直觉型的感知者（NF）所选择的道路，他们占据人群的12%，代表人物有耶稣和印度作家泰戈尔。

有趣的是，理查德森还认为，每一种类型既有独特的精神侧重点（沉思、同情、社会活动或自我实现），又有它们各自的不足之处。于是，外向的人可能会变得过于浅薄；内向的人可能会变得过于离群；判断型的可能会变得思维狭窄，沉迷其中，无法自拔；感知型的可能会不注重实际依据，精神分散。

很显然，理查德森认为，自我实现和直觉型的感知者之间的联系最为密切，然而，马斯洛则认为，"顶峰体验者”应该有适应多种生活方式的能力，广泛的兴趣，甚至某些生物性的气质。他从来不把自我实现同某一种荣格类型联系在一起，相反，马斯洛强烈批判那些过度沉迷于自己的情绪、感情和审美价值观的人。

由于MBTI在当今组织世界中的广泛运用，理查德森的模式向企业经理和主管人员（他们中感知型、思考型、判断型和外向型的人比例不一）提出建议，即他们应允许属于不同类型的员工找到他们各自的精神性，也就是所说的意义和目标。

在当今富足的社会中，我们可以说，钱在相当程度上已不再是一种激励，不再是影响我们对工作满意程度的根本要素。我们坚信，在不久的将来，科学将会证明工作时心理的健全与生产的高效率之间必然存在着某种联系。所以，毋庸置疑，如何评估内在的精神性将在这一领域扮演日益重要的角色。

第13章 领导者之道

你具备合适的领导素质吗？不过首先，什么是合适的领导素质？如果你不是个宇航员、将军或著名教练，你是否仍然可以拥有它？如果你是个电脑科学家、生物工程师、外销员、教育工作者或机构顾问，你同样可以成为一个领导者吗？如果你是个艺术家或作家呢？

目前，关于领导者才能的书有8,000多种，包括我们可以从下面的人当中获得的经验教训：大卫王（King David）和耶稣基督，尤利西斯·S·格兰特（Ulysses S. Grant）及其对手罗伯特·E·李（Robert E. Lee），亚德米罗·内尔森爵士（Lord Admiral Nelson），亚伯拉罕·林肯（Abraham Lincoln），西奥多·罗斯福（Theodore Roosevelt），伊利莎白女王一世（Queen Elizabeth I），温斯顿·丘吉尔（Winston Churchill），乔治·巴顿（George Patton），德怀特·艾森豪威尔（Dwight Eisenhower），杰克·韦尔奇（Jack Welch）和比尔·盖茨（Bill Gates），温斯·兰巴迪教练（Vince Lombardi）和高尔夫球手唐·山德斯（Don Sanders）以及《星际迷航》（*Star Trek*）的全体机组成员。最近有一本书特别提到小熊维尼，不过该书重点关注的是它的管理秘诀。我们的下一个榜样又是谁呢？巴尼，那条著名的紫色恐龙吗？

匈奴王阿提拉给“领导者课程”这一模式带来启示似乎是十多年前的事，而看起来这种启示仍将继续。匈奴王是在用这种方式向1,500年后的西方社会进行终极报复吗？像我们大家一样，阿提拉自然有他的道理。不过，如果我的老板是一个试图从这样一个嗜血成性、权欲旺盛的虐待狂那里寻找现代企业经营方法的人，我会非常小心谨慎的。难道我们真是太缺乏具有领导者才能的优秀楷模了吗？

不幸的是，这个问题的答案似乎是肯定的。南加州大学的两位教授，沃伦·贝尼斯和伯特·纳内斯（Burt Nanus）在他们于1985年出版的经典著作《领导者：管理的策略》一书中谈到：“领导才能是一个大家经常挂在嘴边的词语……但人们对是什么造成了领导者与非领导者之间的差别，可能更重要的，是什么造成了高效领导者与低效领导者，高效组织与低效组织之间的差别，还没有一个清楚一致的看法。”

该书面世前几年，吉米·卡特总统（Jimmy Carter）刚完成对其职务的微观化管理，包括白宫网球场的日程安排。贝尼斯和纳内斯两人细致地观察到：“许多组织，尤其是那些失败的组织存在的一个共同问题是，管理过多而领导不足。管理与领导都很重要，却又很不相同。二者的不同可以进行如下归纳，前景与决断的活动——有效性，控制常规事务的活动——效率。”

正如一句法国谚语所说的：变的越多，不变的就越多。尽管贝尼斯教授和他的许多领导者才能培训中心的同事就这一课题进行了长达 15 年的研究并积累了大量资料，报纸头条却一直抱怨美国现在缺少优秀的首席执行官。实际上，贝尼斯和纳内斯两人在《领导者》第二版的前言里谈到："我们的许多概念，如远景、授权、组织培训和信任等，它们的含义正如其刚出现时一样有效。"

不过，领导者才能培训与评估这一领域还是取得了切实进展。一种基于人心理的新模型已经出现，并且产生了许多研究项目和应用广泛的评估方法。这就是在组织发展领域有着主导地位的转型领导者才能模型。

一个多世纪以来，许多历史学家都信奉英雄史观，认为英雄人物通过他们独一无二的性格魅力和精神意志，带领他人一起取得成功。有一句著名的谚语说道："领导者是天生的，不是学来的。"回顾一下拿破仑·波拿巴和亚伯拉罕·林肯等强者如何从贫穷、默默无闻中脱颖而出并对世界产生震撼性影响，这句谚语的道理似乎不容辩驳。伟大的领袖好似遥远的神祇，世人只可崇拜和景仰，却休想去模仿和学习。

20世纪初叶，弗洛伊德学说引发了一场巨大变革。即使是列奥纳多·达·芬奇（Leonardo Da Vinci）这样著名的历史人物也开始被认为存在着严重的性格缺陷，其内心充满矛盾。英雄主义或领导者才能的观点似乎太过天真了。人本主义学者亚伯拉罕·马斯洛在 60 年代指出，弗洛伊德学说引发的变革形成了一种披露人性和简化论的观点，认

为杰出人物不值得超越。马斯洛批评道："最深层、最真实的动机被认为是阴险恐怖的，而人类最宝贵的品质和道德被贬为虚伪之物。"

一些领导者才能研究者赞同这一逐渐盛行的观点，他们甚至并不认为真的存在领导者才能。在他们看来，历史本身已经证明历史人物所取得的成就完全是偶然的，它们只是"在合适的时间、合适的地点"发生的事情。不过，大多数人所持的观点并没有这么偏激和消极。这些人认为：并没有完全的领导者才能这种东西，只是某人恰巧在某个特定时间具备了为完成某个特定组织的特定任务所需的某种特别素质。根据这一论点，历史人物如亚伯拉罕·林肯、富兰克林·罗斯福（Franklin D. Roosevelt）、维多利亚女王、"圣雄"甘地（Mahatma Gandhi）、马丁·路德·金博士（Dr. Martin Luther King）等，只是在不可再现的历史力量的推动下才成为领导者的。也就是说，"时代"需要一个林肯、甘地或马丁·路德·金，于是他们就出现并成了优秀领袖。

显然，这一看上去有道理的观点的最大错误之处在于它完全靠一种事后聪明：很多时候，难道时代缺少的不是一个会令事情有所不同的人吗？就像未来学家们开玩笑说的："预测过去很简单，预测未来就难了。"林肯、甘地或金博士都不是不可或缺的。想一想时下缺少优秀领导者才能的中东。那些商界或政界中不胜枚举、看似前途无量的未来领导者们不是都输得很惨吗？另外，这种"时势造英雄”的理论也并没有为人们提供一种心理学模型以解释领导者们在组织中的作用。

20 世纪 80 年代，心理学界的观点又变回去了；也许还没有完全回到 19 世纪的“领导者是天生的，不是学来的”观点上，也不等同于“领导者完全是后天培养的”观点，而是一种折中的观点。这是种什么观点呢？首先，它拒斥了两种反领导者才能的学说——二者或完全否定领导者才能的存在，或认为领导者才能取决于具体情况，而且不可再现；其次，新观点还拒斥了早期的“领导者像不可知的神”的主张。

然而，管理学者和组织顾问们一直认为，存在着一种特定的性格因素，或者说才干，与成功的领导者才能密切相关；而且所有的工人都可以通过科学有效的方法来提高其领导者才能。

现在，由贝尼斯和纳内斯两人推广的转型领导者才能模型已经在理论界占据主导地位。虽然一些学者批评说，领导者才能这一概念过于模糊，但管理学研究者和培训者们却日益关注那些可以用以评估、提高和回馈领导者才能的手段。大量研究表明，在任何组织中，那些拥有与领导者才能有关的品质的人比缺少这种品质的人更容易提高工作效率。

这些品质是什么？虽然理论家们 15 年来对其中的重点各执一词，但下面 3 种品质无疑是最重要的：1）思维开阔（也就是说，习惯从大角度看问题，而不纠缠于细枝

末节)；2）对未来抱着乐观兴奋的态度（这一点毋庸置疑，因为如果你自己对未来很消极或漠不关心，你根本无法去鼓舞你的下属)；3）珍惜每个人的独特才能并视之为组织成功的基石，尽可能让他/她最大限度地自我实现。

另外还有3种品质也经常被提到：1）投身工作并为此努力，2）正直，3）给下属准确的指令和清晰的反馈。这3点的确重要，但所有的有效监督和管理都如此，它们并非领导者才能所独有。

第7种，也是比较含糊的一种品质是：人格魅力。它或许非常适合某些组织的情形，不过无论是私人企业还是公共部门，许多成功的领导人士并不具备个人魅力。而有些人魅力四射，比如娱乐界人士和运动员等，却并非是领导者。

无论如何，转型领导者才能模型在今天都占据优势。1997年，伯纳特·巴斯（Bernard Bass）在美国心理学会出版的、影响深远的《美国心理学家》杂志中宣称："支持转型领导者才能理论的证据在南极洲以外的各大洲都可以找到——甚至是北海沿岸。这一足够广泛的理论构成了衡量和理解本身也具有普遍意义的领导者才能这一概念的基础。许多研究者都认同转型领导者才能理论所具有的有效性。"

评估方法

领导者才能培训还是一个相对年轻的领域，不过也已经出现了好几种评估方法，正广泛应用于组织机构中。其中最著名的是多因素领导才能问卷（MLQ5X）。MLQ5X 于 1995 年由宾厄姆顿大学领导者才能研究中心的伯纳特·巴斯和布鲁斯·奥沃利奥（Bruce Avolio）设计，已产生近 200 项研究，并被译成阿拉伯语、汉语、法语、希伯来语、韩语和泰国语等多种语言。

MLQ5X 根植于转型领导者才能模型，由 45 个 5 点量表组成，共有 6 个维度：1）智力激励，2）个人化考虑，3）有条件的回馈，4）超凡管理，5）自由竞争，6）领袖魅力。MLQ5X 有两种形式：第一人称（自我）和第三人称（他人）。

许多研究表明，MLQ 是领导者才能培训中一项有效的评估工具。这些研究涉及多种领域：储蓄银行、社区服务机构、海上钻井平台、美国陆军、中国国营企业以及以色列国民自卫队等。

在最后这项由以色列特拉维夫大学的 Tsila Dvir 进行的实地研究中发现，根据原先公司领导和员工的 MLQ 评分等级，那些接受过转型领导者才能培训的排长比没有接受过这种培训的同僚更积极主动并富有活力。另外，他们

带领的排比别的排有一种更强的自我肯定意识和归属感；并且在其后进行的6个月培训中，6项客观表现测试中有4项的得分都更高。

第二种普遍使用的方法是领导者才能实践问卷(LPI)。这是由圣塔克勒拉大学的两位博士，詹姆斯·柯佐斯（James Kouzes）和巴瑞·波斯纳（Barry Posner），在研究了包括经理、管理人员、推销员、家政服务人员、军人、牧师、教师和木匠等在内的各行业人士所具有的领导者才能素质后，于1990年设计的。

从概念上看，LPI深受转型领导者才能模型的影响，因为它同样发轫于这个引人深思的问题："描绘你在组织中非常成功的一次经历。你认为其中你是领导着，而不是管理着你的项目小组达到超过预期的高度。"

在调查了1,200多位人士后，两位博士确定出领导者才能的5个主要维度：1）挑战整个过程，2）目标共享，3）调动他人，4）设计行动方案，5）鼓舞人心。每个维度由6个项目来测量，这样LPI就一共产生出30个问题，每个问题是一个10点量表，其答案介于"几乎从不"和"几乎经常"之间。LPI有第一人称和第三人称两种形式，并因其易于管理和操作而在领导者才能培训方面非常有用。

第三种方法最初是加利福尼亚心理学家威尔·舒尔茨博士（Dr. Will Schultz）在50年代后期所设计的、用以衡量社会定位的基本人际关系定位行为法（FIRO－B)。虽然这一方法在80年代及90年代初逐渐被人淡忘，不过它因在领导者才能测试和培训方面的相关性而重又引起世人重视。

FIRO－B源于舒尔茨博士的观点：我们每个人除了具有对生存、受保护、食物和温暖等物质需求外，还有一种特别激励我们的人际需要。这一需要包括三个不同的社会层面，舒尔茨博士把它们称为包容、控制和情感。

包容指的是在我们的日常生活中接受他人以及希望从他人那里得到关注和认同的程度。控制指的是我们需要影响力和责任感以及希望它们引导和影响我们的程度。情感指的是我们希望与他人亲近和友好以及希望他人与我们亲近和友好的程度。FIRO－B由54个6点量表项目组成，每一需要都从被表述的和被期望的两方面来衡量；这样就产生出6个不同的分项测试和一个有关人际需要的总分。

作为一种领导者才能测量工具，FIRO－B的重要性在其强调社会维度。不仅这6种分项测试的结果有助于具体了解人们的社会交往风格，而且这些分项测试的不同形式也能起到这种效果。

比如，当某人的表述分高于期望分时，这个潜在的领导者会被定位于首先采取行动而不表现出对行动的焦虑。他/她通常喜欢自己直接介入，观察别人的反应，然后再表达和重估自己的行为。而当期望分高于表述分时，这个潜在的领导者则更愿意别人先行动。类似地，一个高的控制分表明该潜在领导者喜欢支配和指使他人，而如果包容

分或情感分更高的话，他/她则可能会很快避开冲突。

组织顾问们发现，这些关系对培养未来领导者非常有用。不过，FIRO－B只关注与领导者才能有关的一项性格特质，而忽略了转型领导者才能模型中同样重要的其他方面，比如远景、热情和授权等。因此，在测量和培训领导者才能时，有必要将FIRO－B与其他方法一起使用，比如迈－布二氏类型指数等。

还有一项新近发展起来的评估工具：全球转型领导者才能量表（GTL）。这一方法是由莎丽·卡雷斯（Sally Carless）博士和澳大利亚蒙纳什大学的亚历山大·威灵（Alexander Wearing）及墨尔本大学的利昂·曼设计的。GTL完全以转型领导者才能模型为基础，有7个范围广泛的维度，它们是：1）传递广阔前景，2）通过提供新技术和新机会帮助雇员发展，3）因人而异进行鼓励，4）授予雇员决定权，5）引进有创意的思维和方法，6）通过洋溢的自信和一致而成为富有效率的榜样，7）表现领袖魅力（也即可信任性、正直和能力的综合体）。

有意思的是，卡雷斯博士指出，虽然领袖魅力可能是最难评估和培养的一种特质，它却可能是转型领导者才能中最关键的因素；并且还是一项决定领导者效率、经理工作表现以及业务小组成就的重要预测指标。

考虑到其问世不久及实际研究不足，GTL的优点无疑在其简洁性。它所包括的上述7个维度各只有一个问题，而且只有第三人称这一种形式，这样GTL一共只有7个5

点量表项目，可以在5分钟以内完成。

研究表明，GTL可以有效区分那些表现好和表现差、善于指导和不善于指导以及善于激励和不善于激励的经理。正如卡雷斯博士及其同事所指出的，GTL不仅是一种选择和提升管理层的有效工具，也是一种用于领导者才能培训的客观反馈手段。

我们正走向一个技术和经济发生着史无前例的全球性大变革的时代，领导者才能这一素质因此将变得更有价值。为了生存、成长和超越，只要有一丝可能性，任何组织都会支持那些领导着一项充满希望、热情和自主的事业的人。在挑选、提升和培训领导者这一领域，心理测评无疑具有重大意义。

阿提拉这个匈奴王或许将一直不乏拥戴者——可能巴尼，这条紫色恐龙也是这样——但领导者才能这一领域却一定会日益转向科学的理论和评估方法。

第 14 章
把握变化：企业家与国外工作者

虽然在相当大程度上，“新经济”这一主题可以说是被炒作出来的，但是全球化和高科技发展这两股强大的力量正改变着传统组织运作的模式。为追求更高的生产效率，变革正以前所未有的深度和广度冲击着原先的工作场所。因此，如何有效地评估并激发员工在面对这一系列变化时的积极性，也就变得日益重要，尤其是在涉及企业家素质和对国外工作者的管理时。

作为对这一趋势的回应，心理学家已经把他们的注意力转移到与企业家素质和成功的国外工作者相关的个性特征。然而，这个领域的专业知识还处于初级发展阶段，对于方法论的研究也仍在继续。但是，活跃于这两个领域的研究人员正在不断地积累知识并应用能获取成功的方法。

当前的情况是，好像所有人都希望成为企业家。针对大学生的，特别是针对计划念商科的学生的调查表明，其中相当大一部分人都打算创办自己的公司，或加入某家刚刚起步的公司，而不是试图在大公司寻求升迁的机会。与此相对应的是，现在无论是美国，还是其他一些国家，都涌现出有关企业家培训的课程、学位、短期培训班或其他一些相关项目。向青少年传授企业家技能的项目正在许多城市和郊区扎根。管理学院在其最近的年会上围绕全球经济环境下的企业家这一主题展开了深入的讨论。

作为一项智力的内容，企业家素质这一概念的发展经历了较长的时间但却不为人所重视。早在18世纪早期，理查德·坎缇仑开始使用该词，当时特指一种冒险性经济行为，即以当前价格买下商品，然后在未来以不确定的价格卖出。后来，简·柏普缇斯特·赛扩充了这一定义，把生产要素这一内容包括其中。1911年，德国经济学家杰瑟夫·施普特又在里面加入了改革创新这一重要概念。他认为革新所包括的范围很广，例如过程革新、市场革新、产品革新、组织革新等方面的内容。在施普特富有启发性的著作中，他还强调企业家在引发和面对经济波动时所扮演的角色。

由于施普特和他的同事都是经济学家，因此企业家这一主题直到二战之后才引起心理学界的关注。对企业家素质进行心理测量学方面的研究始于大卫·麦克莱德对成功动机的研究。在其著作中，他主要借助一种叫做主题统觉测验（简称为TAT）的个性投射测量方法。该方法是由他的同事——来自哈佛大学的亨利·默里开发出来的。

现在，这种测验在众多诊所仍被广泛运用。在测验过程中，主试者向被试者出示一系列唤起感觉的图片，然后，让他们根据出示的每一张图片讲述一个故事。心理专家根据被试者所陈述的内容，如性别冲突、感情挫折、闭塞、野心等，通过分析就能得出被试者性格的弱点和优点。但是，由于TAT缺乏一套严格的打分标准，并且耗时太长，因此大大限制了它在组织中的运用。

借助TAT作为主要的个性测量手段，麦克莱德在西班牙、德国、印度、意大利、日本、波兰、土耳其、美国等一些国家开展了针对小孩和成人的一系列研究。1961年，他的著作《成功的社会》出版。在书中，他认为，成功动机与企业家之间存在着某种不可分割的联系，即“关注适度风险或绝佳的机会以获得个人成功的满足，但不会去冒无谓的风险”。

令人惊奇的是，麦克莱德还发现，不同国家的企业家在对待时间方面拥有两个共同的特点，而且正是这两点使他们与其他的商人区别开来：1）他们时刻感受到时间的紧迫性，2）他们目光远大，思考问题具有前瞻性。

麦克莱德说：“假如有高成就需要的人要成为一位成功的企业家，那他就必须事前多想想。实际上，成功的企业家也正是这样做的。他们讲述与远期计划相关的事情……他们倾向于在事情发生之前对未来进行预测。他们对待时间的态度本身就大有文章可作。”

麦克莱德影响深远的著作吸引了理论家亚伯拉罕·马斯洛的关注。马斯洛长期致力于研究那些高度成功、具有创造性的成功人士（他称之为自我实现者）的个性特征。当他60年代从事美国加州高科技领域管理咨询的时候，马斯洛就开始相信自己创办企业是一条通往自我实现的道路，因为这需要一个人投入大量的精力、技能和创新意

识，并能满足更高层次的需求。马斯洛还说，很多企业家腼腆地承认，其实促使他们前进的动力不仅仅是积聚财富的欲望，而是所谓的高尚的价值观，例如追求社会的进步、公正、真理或美丽等目标。另外，马斯洛还在他的《优化心理管理》一书中说："企业家这一环往往被忽视了，没有引起大家的注意。企业家的计划或远见，对未竟事业的强烈焦虑，对完成之后美好前景的展望，都是值得我们去深究的。"

由于麦克莱德和马斯洛的努力，组织思想家逐渐意识到，一个人商业上的成功并不代表他就具备企业家的素质和能力。例如，那些成功引领财富500强企业的领导者并不一定在创办企业方面具备同样令人瞩目的能力，因为这将涉及另一种不同类型的性格特征。商业心理学研究表明，通过了解某家新成立的企业领导人的个性特征，我们就有可能预测到这家企业以后长期的生存状态。

假如并不是每一个人都具备创业的心理素质，那这些必备的特征能否通过学习而获得呢？近期学校内企业家培训项目的迅速发展，不就显示了人们的确可以通过后天学习来获得这些品质吗？

回答是否定的。通过参加优秀的培训，个人的确可以提高他们在金融、市场营销及销售方面的技能和知识，甚至你也可能学到如何创办一个企业。从这种意义上来说，培养企业家的学校确实有助于培养出未来的企业创始人。然而，心理学研究清楚地表明，企业家所具有的某种独特的个性特征——首要的是承担风险和相信直觉的能力——并不能像老师教授基础会计学或品牌营销等课程那样向学生传授。实际上，科学证据日益显示，企业家的素质往往是由基因先天决定的，因而可能并不像早先一些理论人员认为的那样，可以通过学习获得。

那究竟都有哪些评估方式来检测企业家的素质呢？单独的个性测试尚未出现，但已经有一些测量手段被用来检测可能与企业家成功相关的特质。这些手段包括麦纳填句子测试，前面所提及的 TAT、杰克逊人格问卷（JPI）、爱德华人格偏好量表（EPPS）以及迈－布二氏类型指标（MBTI）。这些都有助于检测应聘者或公司员工是否具备企业家的才能。

其中，最有用的要算由约翰·麦纳博士设计的麦纳填句子测试（MSCT）。麦纳博士是一名心理测量学家和在企业家理论方面有独特专长的组织咨询人员。基于麦克莱德对成功动机的研究，麦纳花了 20 年的时间构思了 4 种不同类型的企业家的模式：1）成功的个体，2）超级推销员，3）真正的经理，4）专业的点子大师。MSCT 还通过个性测量的手段来区别这 4 种类型的企业家。

麦纳曾写道：“许多人都相信企业家个性的存在，因为有些人可以通过努力从而获得创业的成功，而另外一些人则不行。科学研究也支持这种观点。但是，为什么有些企业家在这家企业尝到失败的滋味，却在另一家企业重拾成功的喜悦呢？为什么有些企业家在创业初始获得较大成

功，但在企业达到一定规模之后却失败了呢？这是因为，首先，世界上并非只有一种类型的企业家。根据不同的个性来划分，他们大致可分为四大类。其次，每一种类型的企业家都必须拥有属于自己的职业生涯规划才能成功，他们处理问题的方式也应该有所差别。”

在麦纳诸多的测量工具中，麦纳填句子量表－T表，已成为最常用的企业家素质评估工具。它于1986年被开发出来，共包括40项指标，实行3点量表形式的likert量表，涵盖5个相关维度：1）自我实现，2）逃避危险，3）结果反馈，4）个体变革，5）筹划未来。另外一种经常用到的工具是麦纳填句子量表－P表。它的结构与T表一模一样，但所涉及的指标不同。它的5个维度包括：1）学习知识，2）独立行动，3）接受地位，4）提供帮助，5）具有专业精神的投入。

上面已提到过，麦克莱德在50年代的时候发现，企业家对成功和权力的追逐欲望特别强烈，而对情感（即希望能在同事中受欢迎）的需求却看得很淡。于是，他采取TAT作为主要心理测量工具。TAT测量结果表明，技术型的企业家对成功和权力的需求较为淡薄，这一点与麦纳关于不同类型的企业家的理论相一致。这种类型的企业家更注重独立，更期望接受挑战，而不是为了追求某种经济上的回报。

杰克逊人格问卷（JPI）是一种广泛用来测量性格的测试工具，比如革新、服从、组织、责任和冒险等类别。

与一般人相比，企业家在个人精力、冒险、自制、对变化的反应、灵活的社会关系等方面的得分要高得多；他们在服从等方面的得分要偏低一些。

另一种用来评估企业家素质的工具是1959年出现的爱德华人格偏好量表（EPPS）。它比较客观，而且可靠性较高。它要求被试者依据情感需求的重要程度排序。EPPS认为，需求并不是像马斯洛说的那样明确地分出等级来，而是个人根据其自身的喜好来排定。若要求被试者在不同的需求备选项中选择的话，他们通常会选择当前最希望得到满足的需求。

组织对EPPS的运用显示，企业家强烈希望拥有成功、自主权、支配权和变化，而对谦卑、情感、服从和命令的需求程度较低。EPPS测量结果表明，创业最强烈的动机来源于对自主权的需求。

新加坡大学的基·李教授借助EPPS开展了一项针对女企业家的有趣的研究。虽然在过去的20年当中，新加坡男女企业家的数量都有较大的增长，但女性的增幅要更大一些。EPPS的研究结果显示，女企业家对成功和支配权的欲望要比一般女性高得多，自主权和情感在诸多个性特征中居于次要地位。

最后，迈－布二氏类型指标也经常被运用在评估企业家素质方面。研究表明，与经理相比，企业家更偏向于直觉、思考和感知，而经理则更趋于感觉、情感和判断。技术型的企业家比科学家和工程师要更趋于外向、直觉、思

考和感知。

由托马斯·贝特曼博士和迈克尔·克拉特博士于1993年开发的前摄人格量表（PPS）与企业家素质之间存在着微妙的关系。PPS的研究对象是人们生活中的前摄趋势。它的缩减版本包括10个问题，问题的形式是7分制的利克特量表。研究表明，与工作相关的特质上的高分与工资、晋升、职业满足感有关，因此将PPS应用于预测企业家能力也是可能的。

我们越来越清楚地看到，个性和企业家素质之间存在着千丝万缕的联系，相对应地，人们也开始运用各种测试手段来检测一个人是否具备企业家素质。正如第10章所强调的那样，一些测量问题解决类型的测试手段正受到测试者的青睐，如肯顿适应-创新问卷和科尔贝A指数。

国外工作者的成功

对工作场所的评估现已出现了一个新的领域，那就是雇用国外工作者。这一点可以追溯到活动于地中海一带的腓尼基人。他们是一批绝对的重商主义者，随时准备为了追求利润而到处迁移。这些商人在积累财富的同时，也在向外面传播他们的文化，人类历史上也不乏这方面的成功例子。甚至有些学者认为，世界大同主义、宽容和启蒙运动都是过去几个世纪以来国外工作者活动的直接产物。

然而，人类历史上也充斥着企业未能成功扩张或迁移的失败案例。在这一过程中，有些企业甚至完全垮掉了，或者随着时间的推移，企业逐渐失去竞争力。导致这种结果的原因已不单单是一个学术方面的问题。由于因特网的出现而加速了的全球化进程，已经迫使越来越多的组织不得不着眼于全球战略。这种趋势在过去的10年中变得日益明显：调查显示，几乎80%的各个大中型企业正往国外派驻专家。尽管向外派驻员工具有日益增长的作用和重要性，但还是有为数较多的公司，尤其是美国公司，在他们的日常运作过程中面临严峻的问题。

最近研究发现，在国外工作的美国经理公开失败（也就是没到任期就回国的人）的比例在25%～40%之间。这一比例要比欧洲、亚洲同等程度的经理高出三四倍。毫无疑问，一个组织若越是在重置员工方面有效率，该组织的生产效率和经济回报率就越高。

国外工作者不能尽职所牵扯到的成本是非常高的。据估计，这种失败所造成的直接经济成本损失大约是每人25,000到1,250,000美元之间不等，其具体数目要看工作职位和分派的任务性质（持续时间、国外工作地点、家庭情况包括学龄儿童等）而有所不同。

除了直接的经济损失之外，还可能会造成更大的间接损失。对于员工来说，一方面，他可能会丧失自尊和自信，从而导致在同事中的威望下降；另一方面，他可能因此失去为其他移居国外工作的同事提供咨询和指导的兴趣

及热情。对于整个公司而言，间接损失可能还包括由于公司在国外的分部锐气大减，丧失开拓或渗入当地市场的机会，与东道国的关系出现危机等多方面因素，从而导致公司利润下降。

然而，这种失败所造成的损失要远远比想像中大得多。公司派驻国外的员工在完成所分派的任务之前就被招回国，这一举措所造成的负面影响不言而喻。但若是这类员工仍留在东道国，却根本不能融入到当地文化中去，这样会造成什么后果呢？从表面上来看，他们仍在坚守岗位，但实际上，他们的内在动力开始减弱，冷漠开始占据主导地位。国外工作者由于丧失自尊和自信，从而使得与家庭、公司分部和员工三者之间的关系趋于恶化。这里面最根本的原因是什么呢？寻根究底，我们会发现，主要还是由于选拔和培训这一环不过关。于是，心理评估就日益引起了组织机构的关注。下面我们将介绍一下运用较多的一些工具，以反映该领域研究的最新成果。

所有工具当中，最为吸引人的当属克里·凯利博士和朱迪斯·迈尔斯博士于1992年在圣地亚哥所提出的跨文化适应性问卷（CCAI)。虽然CCAI仅仅是初试锋芒，但它所涉及的与国外工作者成功的高度相关性，却吸引了业内人士的高度关注。其中的测试手册是这样解释的：CCAI的开发并不是为了预测跨文化交流的成功或失败；相反，通过学习跨文化的适应性，检测他们自身在该领域中的优势和劣势，被试者就可以决定他们是否具备与其他文化中的个体进行对话的能力。当然，他们也可以选择继续参加相关项目的培训，来完善他们跨文化交流的能力。

拥有较高信度和效度的CCAI由基于6分制的利克特量表的50项指标构成。它主要从以下4个不同的角度来评估跨文化交流的适应能力：1）情绪调节能力，2）灵活性与开放性，3）敏锐的洞察力，4）个人自制力。

情绪调节能力尺度测量的重点在于研究我们处理压力和繁杂事务的能力，是否能够做到容纳自己和他人，勇于面对自己和他人的缺点。灵活性与开放性的尺度测量我们在多大程度上乐意以多种方式来进行跨文化交流。敏锐的洞察力尺度着重研究我们的沟通技巧，尤其是测量我们能否准确地理解跨文化交流中的口头和肢体言语。最后，个人的自制力尺度是测量我们在多大程度上能形成自己的价值观，使我们在不熟悉的环境中行动的时候能感到有信心，并尊重他人的观点。就本质而言，这一尺度针对的是在陌生的环境中，在面对不同的价值观时，个体如何思考自己所具备的身份和所享有的权利。

虽然CCAI所得出的分数能充分反映个人跨文化交流的适应能力，但这一测量手段着眼于全球，不适合作为培训项目。以上这4个尺度若是作为预测调节适应性和计划性干预，如咨询的基础手段，可能会更合适一点。

另一种专门为评估国外工作者而开发的工具是全球意识剖象（GAP）。它是由传播学教授、东方学院顾问南森·科比特博士于1998年出版的。GAP测量的是被测者的知

识面，而不是被测者的个性特征。GAP 由 120 个问题组成，采取被测者自己打分的形式，使被测者对自己的全球意识获得真实的了解。GAP 测量我们对 6 个不同的地理区域的了解程度，其中包括亚洲、非洲、北美洲、南美洲、中东和欧洲。另外，它还评估被测者对以下 6 项不同主题的认知情况：1）文化，2）环境，3）地理，4）政治，5）宗教，6）社会经济学。除此以外，测试内容还包括有关全球情况的 12 个问题。与 CCAI 相似，GAP 的内容过于前沿，暂时还不适合作为一种筛选的工具。不过，作为一项员工出国工作意愿的测试还是有价值的。

鉴于在心理测量学方面，我们还缺乏预测国外工作者成功可能的有效方式，我最近开发出了霍夫曼文化适应能力问卷（HCAS）。它共包括基于 5 点量表的利克特量表的 54 个问题，涵盖了 4 个在概念上和实践上与跨文化适应能力相关的维度：1）冒险，2）喜爱旅游，3）外向，4）友善。每一项又分别根据各自的类别进行独立测量。此外，该测量尺度还设置了测谎功能。到现在为止，HCAS 的测试对象涵盖了现移居美国的中国人、日本人、印度人、朝鲜人、巴基斯坦人、俄国人以及南美洲人等。初步调查表明，与以往的观点有所差异，国外工作者所携带的一些本国文化因素在适应美国的生活习惯中可能扮演重要得多的角色。

另外，第 9 章所强调的人格评估大五模式，在预测国外工作者是否成功方面是非常有帮助的。最近，创造性领导研究中心的麦克塞·道尔顿和米纳·威尔森开展了一项研究，其中心任务是评估阿拉伯国家移居国外工作的经理的表现情况。评估人既有来自东道主国家的，又有来自本国的。对于本国的评估人来说，神经质－外向性－开放度人格问卷修订版（NEO－PI－R）中有关尽责及愉悦度的指标，与评估对象的表现情况有非常紧密的联系。在早先开展的一项针对德国经理在韩国的工作情况的调查中，愉悦度也被作为评估标准之一。

拉格斯大学的保拉·卡立基瑞教授曾经做过一项类似的研究。他是采取霍更人格问卷来检测美国派出的国外工作者，尤其是针对那些在美国大公司的亚洲、欧洲或南美洲分部工作的技术性员工。

其中的因变量是这些国外工作者希望终止被分派的任务的期望程度，以及上司对他/她的工作表现的评价。与道尔顿和威尔森使用 NEO－PI－R 所得出的结果相似，员工在外向性、愉悦度、情绪稳定等指标上的得分越高，他们对于继续完成在国外的任务的期望就越强烈。然而有趣的是，大五特征中，只有责任心这一项与上司的评估标准是一致的。

令人感到惊奇的是，在涉及五大特征的诸多研究中，居然没有一项研究结果显示，接受新事物的能力与国外工作者的成功有关系。这可能是由于这种尺度所评估的主要是认知或智力方面接受新事物的能力，与敏锐的洞察力是相对立的。另一种可能性是存在着不同方面的接受新事物

的能力，如善待各种不同的人的能力，处理陌生事物的能力。而这与 NEO－PI－R 和霍更人格问卷所测试的接受新事物的能力是不同的。若是这样的话，确认在这类性质测试上得高分的员工是否适于国外的工作的其他方法看来是必要的了。

在今天迅速变化的工作场所中，成功的企业家和国外工作者须具备多种能力来有效地应对这种种纷至沓来的变化。生活的节奏以及对自我调节和远见的要求，从未像今天这样显得那么重要。心理评估必将在这些领域扮演非常重要的角色。

第 15 章

走向世界：大中华地区的心理测评

佩塔·卡梅隆·麦考力
香港中文大学

心理测评现正成为工作环境中的一种国际化力量，而其中发展最快的当属大中华地区（包括中国大陆、香港、澳门和台湾等）。当然，中国人很早以前就熟悉客观考评这一概念。国家考试这一传统可以上溯到1,400多年前的隋朝。那些想当官为朝廷效力的人需要通过一系列考试，考察包括精通文学风格、熟悉儒家典籍、掌握写文章及数学运算的能力等。行文优雅和博闻强记是取得这种考试成功的重要法宝。

随着资本主义经济在过去30多年里在香港、台湾以及最近在中国大陆的飞速增长，西方的管理实践，包括现代的客观评估手段的应用也得到了稳步发展。其中有两种重要趋势值得注意。首先，这些在西式管理的企业和跨国公司中使用的西方评估手段主要来自美国和英国。由于历史原因，美国在台湾，英国在香港分别具有重要影响。现在，香港仍在扮演西方技术进入中国大陆的跳板角色。

不过，第二种趋势也在发展。香港、台湾和大陆的心理测量专家正在努力研究，以设计出本土化的评估方法。这些方法目前主要被当地组织采用，不过，它们也是西式管理的企业了解自己潜在贡献的一种重要补充渠道。

现在，那些在中国开展业务的企业在选择用于招聘、提升和发展的客观评估手段时将面临复杂的抉择。是采用经改良的西方测验还是进行本地测验研发，成为性格研究的领先者们，如香港中文大学的迈克尔·邦德教授等人长期争论的焦点。像其他许多复杂的问题一样，这一问题并没有全对或全错的答案。

对跨国、跨文化的公司而言，采用已被证明在不同文化背景下都很有效的成熟可靠的评估法，如迈－布二氏类型指数（MBTI），的确有其实际意义。这些方法对来自不同文化背景的人进行直接比较，不过代价则是放弃了对个人文化习性上的细微差异做进一步分析的可能性。当来自不同文化背景的人在一起工作时，同一心理测试法的使用就成为比较和讨论雇员异同的尺度。

不过，在评估那些主要与其他本地人——比如来自香港或华南地区者——共事的本地人时，本地设计的评估工具就非常有优势了，因为这些方法对可能强烈影响同事关系、团队关系以及上下级关系等与文化有关的因素更为敏感。譬如，在中国和日本等许多亚洲国家，留面子是一个非常重要的社会价值问题，而它在美国等西方国家就没有这么重要了。所以，西方设计的性格评估方法不会去关注一个经理对面子问题的态度，而这却可能对他/她在亚洲地区工作时能否取得成就具有重要影响。

一个组织不管是采用跨文化（etic）的测量工具还是当地设计的本土（emic）测量工具，它都应该首先了解这些方法的技术可靠性，因为心理测验法在准确性和可靠性方面经常会有差别。一个需要确切知道的重要问题是，这个测试工具确实可以用来衡量它在被设计时所希望衡量的东西。例如，如果我们要衡量工作表现（比如责任心和领导能力），一个很关键的问题是：是否有证据表明，该测验所产生的分数可以预示有关的工作表现标准？

我们在第4章中谈到，有证据表明，在评估雇员表现时，那些与场景（比如工作场景）有关的性格测试法比与场景无关的测试法更有效。这种现象存在于所有的心理测量法当中。不过，在选择用于跨东西方文化场景的不同语言的测试法时，有足够的理由表明需要特别谨慎。

在使用者有可能从跨文化测试法对来自不同文化背景的人进行评估中获益前，研究者必须要确保不同版本的测量工具都同样有效——语言上、概念上、度量单位上都要如此。就是说，要想做到在文化方面的敏感性和有效性，测验的内容不仅要翻译准确，而且还要根据当地的文化背景情况不断进行更新。我们在前面表述过，如果将测试项目限定于工作方面，则测量工具出现误差的可能性将大大降低。对内容设计、因素构造、预测的有效性等项目的技术检查都表明，同一测验的不同版本其实际效果是一样的。

近来，国际性的测验发展和咨询公司——赛维尔和霍斯维斯公司（SHL）提供了一系列内容齐全、专为中国人改编的跨文化测试法。自20世纪80年代起，SHL就活跃于东南亚一带，在香港、印尼、日本、韩国和新加坡等地都设有办事处。以英国的工作场景测试模型为范本，SHL设计出一系列广泛的测量工具，包括能力测试、兴趣和动机问卷、性格调查问卷等，其中最著名的是职业人格问卷（OPQ）和工作模拟练习。

应用广泛的OPQ是用来测量与工作有关的一系列行为的调查问卷。译成中文后，概念4.2版由100个项目组成，每个项目有4种表述，被试者必须从中选出最真和最不真或视本人情况而定的一项。OPQ的30个量表被分成3个维度的9种因素，这三个维度是：1）人际关系，2）思维方式，3）感情与情绪。

与美国模式略有不同的是，SHL的宗旨是训练非心理专业的in-house line人员来实施和解释这些评估工具。SHL的角色是通过与客户订立正式授权协议，继而在与客户的持续交流中为确保测试法得到专业应用而积极进行监控和支持。客户也来参与新的或现有的测试法的后续发展，通过提供相关的评估数据，就可以追踪新方法的使用，收集标准化资料及其他技术信息。

除了发展测量工具外，SHL还专门研究用于广泛的人力资源活动的在线产品。其最新一代产品的主要用途是帮助各种组织设计职业和工作网页，并最终使用多种语言对来自本地、外地乃至国外的求职者进行网上评估和筛选。

SHL香港办事处一直是该公司发展适于中国人使用的测量工具的基地，这与香港位置上的独特性有关——香港在地理上和文化上都处在中国大陆和台湾之间。不同形式汉字的使用也表明了这一分化。香港和台湾仍旧使用传统的、较复杂的繁体汉字，而中国大陆和新加坡则使用简体汉字。在翻译测量工具并将其应用到这些地区时就需要考虑到这一字体上的差异。另外，在香港和大陆两地，SHL公司在为其许多测试法收集标准化数据方面都取得了巨大进展，包括以广州、上海和北京为中心的地区性常模的启动。

SHL公司在香港的心理测验业务已有10多年历史。由于香港不久前还是英国的殖民地，以及香港所扮演的区域性金融和商业中心的角色，英语将继续成为交流的重要媒介，尤其是在中高级管理层中。相应地，香港客户也多采用英语来评估其大学毕业生和管理层的求职者。与此同时，1997年的香港回归激发了中国人的民族热情，并且推动了中文在工作中得到更广泛的应用。为了适应这一需要，SHL最近改进了许多稍低层次的能力和人格测验法，以便香港的中国人使用。信息技术（IT）能力和客户服务性格特质是目前香港的中国人经常被评估的两个方面。

随着十多年来中国市场的逐渐开放，SHL在改进测试法以适于中国大陆的使用方面取得了稳步发展。中国政府也努力采取措施以满足在中国设立新企业的外国公司的需

要，例如成立外企服务总公司（FESCO）等机构来帮助新的外资企业招聘员工及提供其他方面的服务。许多跨国公司和西式管理企业在其全球性的标准化管理体系中都包括了心理测量这一环节。这样，作为其在中国设立新企业必不可少的一部分，他们希望能有相应的测验数据来帮助他们进行大规模的招聘活动，并支持组织的深层发展。SHL公司所改进的适于中国大陆使用的测验包括性向测验和人格测验以及工作模拟练习等，都可用于评估大学新毕业生和管理层求职者。

另一大规模使用心理测验的领域是为新工厂筛选工人。典型的测试包括机械操作的灵活性、对数字的熟悉程度以及基础英语写作等。最近，SHL与中国大陆一位工业企业心理学家合作，为大陆尽可能提高测验翻译时语言、概念和单位上的准确性准备资料。

SHL公司目前在台湾还没有办事处，不过该公司已准备尽快成立一家。SHL许多同时在台湾开展业务的大陆和香港客户希望在台湾也有相应的雇员评估法。这些客户多为跨国公司和金融机构，他们希望对其客户服务以及新招聘的大学毕业生和管理人员的性向、人格和工作模拟等方面进行测量。

案例分析1

一家在中国开展业务的大型化工跨国企业希望

SHL为其设计一种针对中高层经理的能力评估模型。该模型主要用于培训和提升本地初级管理人员，以加强该公司的人才本地化及策略连续性。

具有较高发展潜力的本地初级经理们会被提名参加一个为期2天、由SHL公司和该客户公司的培训经理和人力资源经理们共同设计和组织的发展中心。该中心安排了一系列测试和练习，包括OPQ测验、in-tray练习、个人讲演练习、性向测验、小组练习、创发性思维测验以及重在考察工作能力的职业面试等。除性向测验外，其他活动都用中文设计和展开。

这一活动涉及该公司在中国不同地区的40多位本地经理，历时一年半多。活动所产生的结果是每位经理的个人报告和反馈报告，而且这些也被吸收到公司的中国策略连续化模型中，以判断每位经理所具有的最高潜能以及何时能达到这一最高潜能。公司也可以从管理层本地化带来的成本节约中获益。

基于发展中心的这一活动结果，每位经理都会获得一份个人发展计划，获得一位特别顾问以帮助实施这一计划。就总体而言，这些经理们的个人发展进程会在该公司中国大陆的高级管理层季度会议上进行讨论。

案例分析2

一家跨国烟草公司使用了OPQ测验来分析其中

国经理们的喜好、个人风格和行为方式等，以确定他们所需的培训和发展计划。所使用的中国版本 OPQ 测验是由以中国大陆的一位组织心理学教授为首的 SHL 中国研究与发展小组设计和改进的。每位接受测验的人要参加一个 2 小时的反馈讨论，讨论结果会形成一份合乎中国体例的 OPQ 纪要。在此讨论和纪要的基础上，确定出经理们的个人发展方向并制订相应的发展计划。

这一测验的重点在于所需的行为转变的特点，以及在该跨国公司在中国开展业务这一情境下，个人的性格类型对团队、角色和工作的影响。OPQ 测验的主要优势在于它勾画出了个人在工作环境中的行为方式；在这一环境中，OPQ 以经理们的喜好和性格特点为基础，进一步发掘他们的发展潜力，而这些关于个人喜好和性格的资料是为了制订适合经理们未来角色的长期发展计划而收集的。

虽然 SHL 公司无疑是大中华地区发展和提供职业测验的领先者，或许还是世界范围内的领先者，它在大中华地区却并非一枝独秀。国际性的 PA 咨询公司设在香港的办事处已有 20 多年的历史了，该公司自己的性格评估法——PA 人格问卷（PAPI）既有英文版，也有简体和繁体两种中文版。PAPI 主要用来衡量工作角色和需求，它的 20 个量表被分成 7 组，非常具有说服力：1）愉快，2）

渴望成功，3）主动控制，4）尽职努力，5）勇于尝试，6）乐于交往，7）工作节奏。

PAPI有意绕开神经质或精神病等因素，它所设计的内容和量表都侧重于与工作有关的概念。PAPI共分两种，每一种各有90个项目。（1）PAPI－N是一种标准化测试，用于进行人与人之间的比较；（2）PAPI－I则是一种自我测试，更适于对个人的评估，比如分析个人发展。

PAPI的进一步发展所需的技术支持主要来自该公司的英国总部。最近他们又完成一种标准化版本，作为最初非标准化版本的补充，这使PAPI朝着成为可以对来自不同文化背景的个人进行比较的跨文化心理测量工具迈出了重要一步。PAPI目前主要用于中国大陆、港澳等地跨国公司的某些需要进行跨文化比较的职位上。

除PAPI外，PA公司还鼓励在香港地区使用一种当地新设计的评估工具：中国人人格测试问卷（CPAI）。香港中文大学的张妙清教授（Fannie Cheung）和梁觉教授（Leung Kwok）两人是这一测量工具的设计者。张教授花了多年时间将明尼苏达多重人格问卷（MMPI）译成中文并将其标准化。在过去10多年里，她的研究转向CPAI这一试图测量普通人人格和心理病理学两方面的新工具。

与MMPI类似，CPAI的评估对象包括普通人和临床病人的性格特点。它共有35个量表，包括21个人格量表、12个临床量表和2个效度量表；人格量表又细分成4组，其中一组非常具有中国特色——一系列与中国传统文化有关的因素。

CPAI 专门保证繁简两种中文版本的对等性，很少有其他测量工具能做到这一点。对 CPAI 在中国大陆、香港、新加坡和夏威夷等地的广泛追踪显示了 CPAI 在心理测量方面的有效性，并表明存在一种前面第 9 章谈到的大五模型（神经质、外向性、开放度、愉悦度和责任心）以外的第 6 种性格维度——人际关系；对一系列其他文化的研究也证明了这一点。

存在于中国人之中的这第 6 种性格因素（也即人际关系）有助于理解中国社会关系的重要特点，比如留面子、维护人际关系的和谐以及建立积极可靠的关系网等。这是本地发展的测试工具在帮助提高对性格和社会行为中存在的微妙文化差异的认识和理解方面做出的重要贡献。

CPAI 目前主要被香港和澳门等地的本地企业用来评估普通雇员，PA 咨询公司也鼓励在中国的跨国公司使用这一工具来评估其新企业的员工。该公司虽然不具有 CPAI 在中国大陆和香港的独家销售权，不过它却是这一测试法在香港地区的主要用户。

香港大学的许志超教授（Harry Hui）最近研究出第二种本土化的评估工具，工作中的中国人人格问卷调查（CPW）。这是一种自爱德华人格偏好量表（EPPS）之后的、由 225 个项目组成的、以工作环境为背景的、必须做出选择并且自己进行报告的测试法。CPW 所测量的 15 种性格组成与 EPPS 有相似之处，不过 CPW 有所改进和补充：它更多地考虑到了中国人的社会行为和工作行为特点。比如，它的一些量表是用来评估和气、谦逊和内省等因素的。在香港进行的有效性调查表明，CPW 对预测和解释中国人的工作行为具有很高价值，超过了 NEO－PI－R 等跨文化测验的贡献。

例如，以所得佣金为标准衡量的香港房地产代理商的工作表现，与第 9 章重点谈到的 NEO－PI－R 评估的神经质和内向性有很大关系。这种关系进一步表现在所得佣金还可以用 CPW 的和气与谦逊量表来进行预测。看起来，在西方社会被视为负面性格特征的神经质和内向性，在某种程度上却与中国社会中的正面的和气和谦逊性格特征直接相关，至少在某些工作环境中被认为与积极的工作表现有关。现在，CPW 主要被用于香港的商业和服务机构，也有少数跨国公司将它用于中国大陆。

另外几种西方设计的评估工具也被用于评估中国人的工作表现。我们前面谈到，NEO－PI－R 已在全球范围内得到广泛应用，并有繁简两种中文版本。NEO－PI－R 目前在中国主要被用于学术研究方面，不过至少已有一家香港的人力资源咨询公司已经将这一评估工具介绍给其客户。NEO－PI－R 在心理测量方面的有效性已被大量研究证实，其各种语言的版本也具有很高的对等性，可以对来自不同文化背景的人进行直接比较。另外还有证据表明，大五模型中的某些特定因素，主要是责任心，可以用来解释不同行业中工作表现上的巨大差异。不过，大中华地区

及其他地区的经验表明，一种广泛的、普遍因素的、不包含工作情境项目的测验所得到的预测结果能否与那种有限的、多重因素的且包含工作情境项目的测试所得到的结果一样可靠，这点还值得怀疑。

迈－布二氏类型指数（MBTI）是另一种来自西方而在中国受到普遍欢迎的测量工具。其早期版本G表格有繁简两种中文版本，而《人格类型介绍》——这一解释有关概念的重要补充——只被译成简体中文。最新的一个版本M表格目前则只有繁体版。位于美国加利福尼亚 Palo Alto 的咨询心理学家出版社拥有 MBTI 的版权，其中文版本的发行则由澳大利亚墨尔本的澳大利亚心理学家出版社（APP）负责。

就像它在美国一样，MBTI 在中国主要被用于培训和发展方面，而不是人员的招聘和筛选。香港几家高等教育机构向学生提供的咨询服务就使用这一评估工具，一些规模更大的金融机构及交通和服务行业更将这一评估工具作为组织发展之用。MBTI 最近还被广东省的一家合资企业用于评估其经理和工程师；不过根据 APP 的说法，中国政府禁止这一测验在中国大陆发行。

概括说来，心理测量工具用于人员的筛选、提升和发展，是大中华地区人力资源管理的一个重要且仍在发展的特点。在中国大陆、香港和台湾开展业务的跨国公司希望能继续使用西方设计的、跨文化的测试工具，以便在全球范围内尽可能公平地评估来自不同文化背景的个人。同时，不断改进和发展的本土化的测量工具则可以有效提高不同文化间的理解和敏感度。虽然心理学家们努力要找出人类行为的普遍性，但当他们被问及这些普遍性在特定文化背景下是如何被表述和解释时，他们却发现存在一种日益增长的文化特定性。对尚处于萌芽阶段的雇员评估领域而言，似乎总存在全球性的跨文化和本土化的两种方法。

术 语 表

下列术语是在当代人才心理测评中经常使用的术语。

复本信度（alternate form reliability）

测验信度评估的主要方法。向被试者提供同一份问卷的不同形式（高度相似，但是不一样），然后比较两次分数的一致性程度。

能力倾向测验（aptitude test）

针对个人在特定领域里的能力测验，比如机械操作灵活性。这些测验在20世纪30年代时变得非常重要，特别是在职业咨询、挑选工人和应征士兵等领域。

态度测验（attitude test）

测量个人在特定领域的态度，比如种族问题、宗教问

题等等。

钟形曲线（bell-shaped curve）

见正态分布曲线。

构念效度（construct validity）

见效度。心理学测验在何种程度上能检验一些理论上的构念和特质，如智力、言语流畅性、领导能力、焦虑等。

内容效度（content validity）

确定效度最重要的方法。通过对测验内容做系统的检验，判断问卷的问题是否覆盖了所测量领域所有合适的行为样本。绩效测量基本上采用这种效度。

效标效度（criterion-related validity）

见效度。通过与特定的实际生活标准来比较测验分数，来确定效度的方法。比如说，一个关于机械能力性向的测验，我们会通过与实际机械工作的作业评定的比较来确定测验的效度。

外向性（extraversion）

见内向性。指一个人喜好社交、不愿意孤立的行为倾向性。

五因素（大五）模型（five-factor〈Big Five〉model）

目前被广为接受的人格模型。它包括神经质、外向性、开放度、愉悦度和责任心等5个维度。

频率分布（frequency distribution）

一种将数据按照出现频率来分类的统计方法，往往每个分数分在一定的范围之内。

团体智力测验（group intelligence testing）

在第一次世界大战期间，美国军队发明的智力测验方法。它由心理学家罗伯特·耶基斯（Robert Yerkes）设计，可以快速地评估所招募的士兵。

诚实度测验（integrity test）

一种测量个人诚实度的心理测验，在当今的职业招聘中被广泛使用。

兴趣测验（interest test）

一种测量个人兴趣的心理测验，比如在不同的职业或学术专业上的兴趣等。

智力测验（intelligence testing）

1905 年，法国人阿尔弗雷德·比奈和他的助手发明了最早的科学的智力测验方法，被称做比奈－西蒙量表，用于儿童个体测量。

内向性（introversion）

瑞士心理学家卡尔·荣格关于人格特质的一个概念，指个体生性孤独，倾向于单独活动。参见外向性。

自测测验（ipsative test）

一种心理测量方法。通常指个体的测量得分与自己过去成绩比较，而不是在一个整体的分布中来评估成绩高低。

多能力倾向成套测验（multiple-aptitude battery）

参见性向测验。该测验考察个人多方面的特质，比如艺术、音乐和机械技能熟练程度。

正态分布曲线（normal distribution curve）

一种描述统计的曲线，在曲线中，个体的分数集中在曲线的中间，在分数接近极限过程中逐渐下降。

常模（norms）

测验的标准分，落入一定分数范围内的个体所占的百分比。

百分位数（percentile score）

在测试中，在某一分数或分数范围内的个体所占的百分比。

操作测验（performance test）

一种人格测量方法，被试者需要完成指定任务，但是

主试者的意图是不能够告诉被试者的。最早的操作测验版本是在20世纪20年代设计的，在30年代被引入到儿童诚实度研究中去。

人格测验（personality test）

个人基本特征的心理测量，比如态度、情绪适应、兴趣、人际关系、动机等等。人格测验在第一次世界大战中被广泛应用。

难度测验（power test）

一种心理测验方法，在足够长的时间里被试者完成所有的项目，项目难度是曲线上升的。对照速度测验。

预测效度（predictive validity）

见效度。根据被试者测验得分，对他在给定情境下在多大程度上成功或失败的预测能力。

投射测验（projective tests）

临床心理学中常用的测量情绪适应的方法。测验中向被试者呈现一些非结构性任务，允许自由解决，比如描述墨迹、画画或按照图片讲故事。

心理测验（psychological tests）

指对行为样本客观和标准的测量。

心理测量学家（psychometrician）

受过心理测量系统训练的人士，一般要求有心理学博士学位，并有很强的统计学背景。

心理测量学（psychometrics）

关于心理测验的构念和效度确认的学科。

等级评定量表（rating scale）

在最早的人格测量中，向被试者出示相关问题或情境，让他根据符合程度或发生概率评分。

原始分（raw score）

测验中最初得分，没有转化为标准分之前没有任何意义。

信度（reliability）

与效度一样，是心理测量最重要的要素之一。它指同一个体在不同场合或时刻对同一问卷测验，或者是相当的问题，或者是在其他变化条件下得分的一致性。

评分人信度（scorer reliability）

一种判断测验信度的方法。它是由两个以上的评分人对同一个被试者的反应打分。在投射测验和创造性测验中，被试者的反应是难以归类和标准化的，因此该信度是非常重要的指标。

自陈问卷（self-report inventory）

人格测验中使用最为广泛的测验形式，最早由心理学家罗伯特·伍德沃斯（Robert Woodworth）在第一次世界大战时设计。这种问卷要求被试者如实地回答自己在诸如态度、兴趣、情绪适应、动机和社会关系等方面的情况。

情境测验（situational test）

见操作测验。

速度测验（speed test）

一种心理测验方法，用来测量被试者绩效在速度方面的个人差异，在这些测验中题目难度低。对照难度测验。

对半信度（split-half reliability）

一种判断测验信度的方法。问卷被分成两半，在同一时间完成，然后比较这两部分得分。

标准化（standardization）

在心理测验中统一的施测和评分过程。

标准差（standard deviation）

比较测验得分差异的统计方法。

标准分（standard score）

把原始分转化成统一的分数，用标准差来说明原始分与平均分的距离。

标准成就测验（standardized achievement tests）

心理学家爱德华·桑代克在20世纪初的时候最早设计实施，用于测验学术成绩，如计算、阅读、再认和理解、拼写和写作能力等。第二次世界大战后，类似的测验成为美国大学挑选学生的重要标准。

重测信度（test-retest reliability）

一种检验测验信度的方法。同一问卷相隔一段时间做两次，然后比较被试者在两次测验时的得分。

效度（validity）

心理测验最重要的特征。它指测验的题目能否反映自己所要测量的内容。比如说，一个关于忠诚度的问卷测验是否可以测量出一个人在实际生活中的行为诚实度。

心理测验索引

PsychScreen　心理筛选

Questionnaire of Healthy Personality　健康人格问卷

Reid Report　瑞德报告

Reid Survey　瑞德问卷

Revised Beta Examination　贝塔测验修订版

Rorschach Inkblot Test　罗夏墨迹测验

Security – Insecurity Inventory　安全 – 不安全测验表

Self – Directed Search（SDS）　自我导向搜索

Social Personality Inventory　社会人格问卷

Spiritual Assessment Inventory（SAI）　精神性评估问卷

Spirituality Assessment Scale（SAS）　精神性评估量表

Spiritual Scale（SS）　精神性量表

Spiritual Well – Being Scale（SWBS）　心理健全量表

Stanton Survey　斯坦顿问卷

Strong Vocational Interest Blank　斯特朗职业兴趣调查表

Temperament and Character Inventory（TCI）　气质和性格问卷

Test of Creative Thinking　创造性思维测验

Test of Productive Thinking　创发性思维测验

Thematic Apperception Test（TAT）　主题统觉测验

Weighted application blank（WAB）　加权申请表格

Wonderlic Personnel Test　汪氏人员测验

Woodworth Personal Data Sheet　伍德沃斯个人数据表格

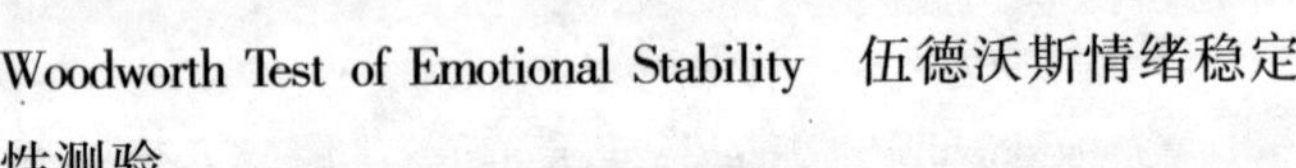

Woodworth Test of Emotional Stability 伍德沃斯情绪稳定性测验

Word association test 词语联想测验

索　引

WIN

参 考 书 目

Adler, Seymour. "Personality and Work Behavior: Exploring the Linkages." *Applied Psychology: An International Review*, 45 (3): 207 ~ 224, 1996.

Anastasi, Anne. *Psychology Testing*, 7th ed. New York: Macmillan, 1988.

Arnold, Josh A., Sharon Arad, Jonathan A. Rhoades, and Fritz Drasgow. "The Empowering Leadership Questionnaire: The Construction and Validation of a New Scale for Measuring Leader Behaviors." *Journal of Organizational Behavior*, 21: 249 ~ 269, 2000.

Arthur, Diane. *Workplace Testing: An Employer's Guide to Policies and Practices*. New York: American Management Association, 1994.

Ash, Philip. "Comparison of Two Integrity Tests Based Upon Youthful or Adult Attitudes and Experiences." *Journal of Business and Psychology*, 5 (3): 367 ~ 375, Spring 1991.

——. "Law and Regulation of Preemployment Inquiries."

Journal of Business and Psychology, 5 (3): 291 ~ 300, Spring 1991.

Ashton, Michael C. "Personality and Job Performance: The Importance of Narrow Traits." *Journal of Organizational Behavior*, 19: 289 ~ 303, 1998.

Aycan, Zynep. "Cross-Cultural Industrial and Organizational Psychology: Contributions, Past Developments, and Future Directions." *Journal of Cross-Cultural Psychology*, 31 (1): 110 ~ 128, January 2000.

Barnett, Tim, Winston N. McVea, and Kenneth Chadwick. "Preemployment questions under the Americans with Disabilities Act: An Overview of the October 1995 EEOC Guidelines." *S. A. M. Advanced Management Journal*, 62 (1): 23 ~ 27, Winter 1997.

Baron, Robert A., and Gideon D. Markman. "Beyond Social Capital: How Social Skills Can Enhance Entrepreneurs' Success." *Academy of Management Executive*, 14 (1): 106 ~ 115, 2000.

Barrick, Murray R., and Michael K. Mount. "The Big Five Personality Dimensions and Job Performance: A Meta-Analysis." *Personnel Psychology*, 44: 1 ~ 26, 1991.

——, and——, "Effects of Impression Management and Self-Deception on the Predictive Validity of Personality Constructs." *Journal of Applied Psychology*, 81(3): 261 ~ 272, 1996.

——, ——, and Judy P. Strauss. "Conscientiousness and Performance of Sales Representatives: Test of the Mediating Effects of Goal Setting." *Journal of Applied Psychology*, 78 (5): 712 ~ 722, 1993.

Bass, Bernard M. "Does the Transactional-Transformational Leadership Paradigm Transcend Organizational Boundaries?" *American Psychologist*, 5 (2): 130 ~ 139, February 1997.

——, and Bruce Avolio. *MLQ Multifactor Leadership Questionnaire*. Redwood City, CA: Mind Garden, 1995.

Bennis, Warren, and Burt Nanus. *Leaders: Strategies for Taking Charge*, 2nd ed. New York: Harper-Collins, 1997.

Beazley, Hamilton. "Meaning and Measurement of Spirituality in Organizational Settings: Development of a Spirituality Assessment Scale." *Dissertation Abstracts International Section A: Humanities and Social Sciences*, 58 (12-A): 4718, June 1998.

Black, J. Stewart, and Hal B. Gregersen. "The Right Way to Manage Expats." *Harvard Business Review*, 77 (2): 52 ~ 61, March-April 1997.

Black, Kimberli R. "Personality Screening in Employment." *American Business Law Journal*, 32 (1): 69 ~ 124, 1994.

Bloch, Deborah P., and Lee J. Richmond (eds.). *Connections Between Spirit and Work in Career Development*. Palo Alto, CA: Davies-Black, 1997.

Bosma, Hans, Stephen A. Stansfield, and Michael G. Marmot. "Job Control, Personal Characteristics, and Heart Disease." *Journal of Occupational Health Psychology*, 3 (4): 402 ~ 409, 1998.

Brewer, Geoffrey. "Shrink Rap: Is It Smart, or Just Plain Crazy to Use Psychological Tests When Hiring and Developing Employees?" *Sales and Marketing Management*, 147 (9): 28 ~ 33, September 1995.

Brown, Howard P., and John H. Peterson. "Assessing Spirituality in Addiction Treatment and Follow-Up: Development of the Brown-Peterson Recovery Progress Inventory (B-PRPI)." *Alcoholism Treatment Quarterly*, 8 (2): 21 ~ 45, 1991.

Butcher, James N., Jeeyoung Lim, and Elahe Nezami. "Objective Study of Abnormal Personality in Cross-Cultural Settings: The Minnesota Multiphasic Personality Inventory (MMPI-2)." *Journal of Cross-Cultural Psychology*, 29 (1): 189 ~ 211, January 1998.

Caird, Sally P. "What Do Psychological Tests Suggest about Entrepreneurs?" *Journal of Management Psychology*, 8(6): 11 ~ 20, 1993.

Caldwell, David F., and Jerry M. Burger. "Personality Characteristics of Job Applicants and Success in Screening Interviews." *Personnel Psychology*, 51: 119 ~ 136, 1998.

Caligiuri, Paula M. "The big five personality characteristics as predictors of expatriate's desire to terminate the assignment and supervisor-rated performance." *Personnel Psychology*, 53: 67 ~ 88, Spring 2000.

Camara, Wayne J., and Dianne L. Schneider. "Integrity Tests: Facts and Unresolved Issues." *American Psychologist*, 94: 112 ~ 119, February 1994.

Cappelli, Peter. "Career Jobs are Dead." *California Management Review*, 42 (1): 146 ~ 167, Fall 1999.

Carey, William B., and Sean McDevitt. *Coping with Children's Temperament*. New York: Basic Books, 1995.

Carless, Sally A., Alexander J. Wearing, and Leon Mann. "A Short Measure of Transformational Leadership." *Journal of Business and Psychology*, 14 (3): 389 ~ 405, Spring 2000.

Carlyn, Marcia. "An Assessment of the Myers-Briggs Type Indicator." *Journal of Personality Assessment*, 41 (5): 461 ~ 473, 1977.

Cash, Karen C., and George R. Gray. "A Framework for Accommodating Religion and Spirituality in the Workplace." *Academy of Management Executive*, 14 (3): 124 ~ 134, 2000.

Cavanaugh, Marcie R., Wendy R. Boswell, Mark V. Roehling, and John W. Boudreau. "An Empirical Examination of Self-Reported Work Stress among U. S. Managers." *Journal of Applied Psychology*, 85 (1): 65 ~ 74, 2000.

Cellar, Douglas F., Donna J. DeGrange DeGrendel, Jeffrey

D. Klawsky, and Mark L. Miller. "The Validity of Personality, Service Orientation, and Reading Comprehension Measures as Predictors of Flight Attendant Training Performance." *Journal of Business and Psychology*, 11 (1): 43 ~ 58, Fall 1996.

Clapp, R. G., "Stability of Cognitive Style in Adults and Some Implications: A Longitudinal Study of the Kirton Adaptation-Innovation Inventory." *Psychological Reports*, 73: 1235 ~ 1245, 1993.

Cook, Mark. *Personnel Selection and Productivity*. New York: Wiley, 1988.

Corbitt, J. Nathan. *Global Awareness Profile*. Yarmouth, ME: Intercultural Press, 1998.

Costa, Paul T., and Robert R. McRae. *Bibliography for the Revised NEO Personality Inventory* (*NEO PI-R*) *and NEO Five-Factor Inventory* (*NEO-FFI*). Odessa, FL: Psychological Assessment Resources, 1994.

——, and——. *Manual Supplement for the NEO* 4. Odessa, FL: Psychological Assessment Resources, 1998.

Dakin, Stephen, V. Nilakant, and Ross Jensen. "The Role of Personality Testing in Managerial Selection." *Journal of Managerial Psychology*, 9 (5): 3 ~ 11, 1994.

Daley, Amanda J., and Gaynor Parfitt. "Good Health—Is It Worth It? Mood States, Physical Well-Being, Job Satisfaction and Absenteeism in Members and Non - Members of a British Corporate Health and Fitness Club." *Journal of Occupational and Organizational Psychology*, 69: 121 ~ 134, 1996.

Dalton, Maxine, and Meena Wilson. "The Relationship of the Five-Factor Model of Personality to Job Performance for a Group of Middle Eastern Expatriate Managers." *Journal of Cross-Cultural Psychology*, 31 (2): 250 ~ 258, March 2000.

DeFrank, Richard S., Robert Konopaske, and John M. Ivancevich. "Executive Travel Stress: Perils of the Road Warrior." *Academy of Management Executive*, 14 (2): 58 ~ 71, 2000.

Digman, John M. "Personality Structure: Emergence of the Five-Factor Model." *Annual Review of Psychology*, 41: 417 ~ 440, 1990.

"Do Your Job-Applicant Tests Make the Grade?" *Personnel Journal*, 75 (8): 16 ~ 17, August 1996 (Supplement).

Dulewicz, Victor, and Peter Herbert. "Predicting Advancement to Senior Management from Competencies and Personality Data: A Seven-Year Follow-Up Study." *British Academy of Management*, 10: 13 ~ 22, 1999.

——, and Malcolm Higgs. "Soul Researching." *People Management*, unpaged, October 1998.

——, and——. "Can Emotional Intelligence be Measured and Developed?" *Leadership and Organization Development Journal*, 20 (5): 242 ~ 252, 1999.

——, and——. "Emotional Intelligence: Managerial Fad or Valid Construct?" *Journal of Managerial Psychology*, in press.

——, and——. "A Study of 360 Degree Assessment of Emotional Intelligence." *Selection and Development Review*, in press.

Dworkin, Terry Morehead. "Protecting Private Employees from Enhanced Monitoring: Legislative Approaches." *American Business Law Journal*, 28 (1): 59 ~ 86, Spring 1990.

Ebrahimi, Bahman P. "Motivation to Manage in Hong Kong: Modification and Test of Miner Sentence Comp etion Scale-H." *Journal of Managerial Psychology*, 12 (6): 404 ~ 414, 1997.

Ellison, Craig W., and Joel Smith. "Toward an Integrative Measure of Health and Well-Being." *Journal of Psychology and Theology*, 19 (1): 35 ~ 48, 1991.

Farmer, Richard, and Norman D. Sundberg. "Boredom-Proneness—The Development and Correlates of a New Scale." *Journal of Personality Assessment*, 50 (1): 4 ~ 17, 1986.

Feldman, Daniel C., and Mark C. Bolino. "Careers Within Careers: Reconceptualizing the Nature of Career Anchors and Their Consequences." *Human Resource Management Review*, 6 (2): 89 ~ 112, 1996.

Fernandez-Araoz, Claudio. "Hiring Without Firing." *Harvard Business Review*, 109 ~ 120, July-August 1999.

Fogelman, Dannie B. "Minimizing the Risk of Violence in the Workplace." *Employment Relations Today*, 83 ~ 93, Spring 2000.

Forrest, Linda. "Career Assessment for Couples." *Journal of Employment Counseling*, 31 (4): 168 ~ 188, December 1994.

Forster, Nick. "Expatriates and the Impact of Cross-Cultural Training." *Human Resource Management Journal*, 10 (3): 63 ~ 78, 2000.

Frost, Alan G., and Fred M. Rafilson. "Overt Integrity Tests Versus Personality-Based Measures of Delinquency: An Empirical Comparison." *Journal of Business and Psychology*, 3 (3): 269 ~ 277, Spring 1989.

Goldberg, Lewis R. "An Alternative Description of Personality," *Journal of Personality and Social Psychology*, 59 (6): 1216 ~ 1229, 1990.

——. "The Structure of Personality Traits." *American Psychologist*, 48 (1): 26 ~ 34, January 1993.

Goleman, Daniel. *Emotional Intelligence*. New York: Bantam, 1995.

——. *Working with Emotional Intelligence*. New York: Bantam, 2000.

Goodstein, Leonard D., and Richard I. Lanyon. "Applications of Personality Assessment to the Workplace: A Review." *Journal of Business and Psychology*, 13 (3): 291 ~ 319, Spring

1999.

Greengard, Samuel. "Are You Well-Armed to Screen Applicants?" *Personnel Journal*, 74: 84 ~ 93, December 1995.

Haney, Walter M., George F. Madaus, and Robert Lyons. *The Fractured Market for Standardized Testing*. Boston: Kluwer Academic Publishers, 1993.

Harris, Julie Aitken, Robert Saltstone, and Maryann Fraboni. "An Evaluation of the Job Stress Questionnaire with a Sample of Entrepreneurs." *Journal of Business and Psychology*, 13 (3): 447 ~ 455, Spring 1999.

Harvey, Robert J., and William D. Murry. "Scoring the Myers-Briggs Type Indicator: Empirical Comparison of Preference Score Versus Latent-Trait Methods." *Journal of Personality Assessment*, 62 (1): 116 ~ 129, 1994.

Harville, Donald L. "Employment Test Usage as a Predictor of Gross Domestic Product." *Journal of Business and Psychology*, 11 (3): 399 ~ 408, Spring 1997.

Hoffman, Edward. *The Drive for Self: Alfred Adler and the Founding of Individual Psychology*. Reading, MA: Addison-Wesley, 1994.

—— (ed.). *Future Visions: The Unpublished Papers of Abraham Maslow*. Thousand Oaks, CA: Sage, 1996.

——. *The Right to Be Human: A Biography of Abraham Maslow*, 2nd ed. New York: McGraw-Hill, 1999.

——. *Ace the Corporate Personality Test*. New York: McGraw-Hill, 2000.

Hogan, Robert, and Rex Blake. "John Holland's Vocational Typology and Personality Theory." *Journal of Vocational Behavior*, 5: 41 ~ 56, 1999.

——, and Joyce Hogan. *Hogan Personality Inventory Manual*, 2nd ed. Tulsa, OK: Hogan Assessment Systems, 1995.

Hough, Leatta M. "The Millennium for Personality Psychology: New Horizons or Good Old Daze." *Applied Psychology: An International Review*, 47 (2): 233 ~ 261, 1997.

Howard, Pierce J., and Jane Howard. "Buddy, Can You Paradigm?" *Training and Development*, 49 (9): 28 ~ 29, September 1995.

Hunt, Steven T. "Generic Work Behavior: An Investigation into the Dimensions of Entry-Level, Hourly Job Performance." *Personnel Psychology*, 49: 51 ~ 83, 1996.

Hutri, Merja. "When Careers Reach a Dead End: Identification of Occupational Crisis States." *Journal of Psychology*, 130: 383 ~ 399, July 1996.

Jeannert, Richard, and Rob Silzer (eds.). *Individual Psychological Assessment*. San Francisco: Jossy-Bass, 1998.

Johnson, Pamela J. "Teacher Wins Ruling over College Chief." *Los Angeles Times*, *Ventura County Edition*, Part B, p. 1, September 25, 1998.

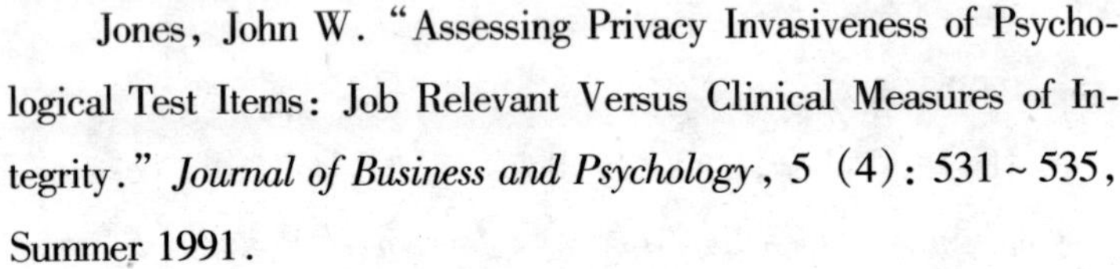

Jones, John W. "Assessing Privacy Invasiveness of Psychological Test Items: Job Relevant Versus Clinical Measures of Integrity." *Journal of Business and Psychology*, 5 (4): 531 ~ 535, Summer 1991.

Judge, Timothy A., Chad Higgins, Carl J. Thoresen, and Murray R. Barrick. "The Big Five Personality Traits, General Mental Ability, and Career Success Across the Life Span." *Personnel Psychology*, 52: 621 ~ 652, 1999.

——, Joseph J. Martocchio, and Carl J. Thoresen. "Five-Factor Model of Personality and Employee Absence." *Journal of Applied Psychology*, 82 (5): 745 ~ 755, 1997.

Kanfer, Ruth, Phillip L. Ackerman, Todd Murtha, and Maynard Goff. "Personality and Intelligence in Industrial and Organizational Psychology." In Donald H. Saklofske and Moshe Zeidner (eds.), *International Handbook of Personality and Intelligence*. New York: Plenum, 1995.

Kass, Jared D., Richard Friedman, Jane Leserman, Patricia C. Zuttermeister, and Herbert Benson. "Health Outcomes and a New Index of Spiritual Experience." *Journal for the Scientific Study of Religion*, 30 (1): 203 ~ 211, 1991.

Kelley, Colleen, and Judith Meyers. *Cross-Cultural Adaptability Inventory Manual*. Minneapolis, MN: National Computer Systems, 1995.

Kelley, Patrick L., Rick R. Jacobs, and James Farr. "Effects of Multiple Administrations of the MMPI for Employee Screening." *Personnel Psychology*, 47 (3): 575 ~ 592, Autumn 1994.

Kirton, Michael J. (ed.). *Adaptors and Innovators: Styles of Creativity and Problem-Solving*. London, UK: Routledge, 1994.

Kobbs, Steven W., and Richard D. Arvey. "Distinguishing Deviant and Non-Deviant Nurses Using the Personnel Reaction Blank." *Journal of Business and Psychology*, 8 (2): 255 ~ 264, Winter 1993.

Kolbe, Kathy. *Pure Instinct: Business' Untapped Resource*. New York: Times Books, 1993.

Kolbe, Kathy. *The Conative Connection: Exploring the Link Between Who You Are and How You Perform*. Reading, MA: Addison-Wesley, 1990.

Kroeger, Otto, and Janet Thuesen. *Type Talk at Work: How the 16 Personality Types Determine Your Success on the Job*. New York: Dell, 1992.

Laden, Vicki A., and Gregory Schwartz. "Psychiatric Disabilities, the Americans with Disabilities Act, and the New Workplace Violence Account." *Berkeley Law Journal*, 246 ~ 270, 2000.

Lambing, Peggy, and Charles Kuehl. *Entrepreneurship*. New York: Prentice-Hall, 1997.

Lasson, Elliot D., and Alan R. Bass. "Integrity Testing and Deviance: Construct Validity Issues and the Role of Situational Factors." *Journal of Business and Psychology*, 12 (2): 121 ~ 145, Winter 1997.

Leclerc, Gilbert, Richard Lefrancois, Micheline Dube, Rejean Hebert, and Philippe Gaulin. "Criterion Validity of a New Measure of Self-Actualization." *Psychological Reports*, 85: 1167 ~ 1176, 1999.

Lefrancois, Richard, Gilbert Leclerc, Micheline Dube, Rejean Hebert, and Philippe Gaulin. "Reliability of a New Measure of Self-Actualization" *Psychological Reports*, 82: 875 ~ 878, 1998.

Lemann, Nicholas. *The Big Test*: *The Secret History of the American Meritocracy*. New York: Farrar, Straus and Giroux, 1999.

Leong, Frederick T. L., Beryl L. Hesketh, and Mark L. Savickas. "Guest Editors' Introduction—International Perspectives on Vocational Psychology." *Journal of Vocational Behavior*, 52: 271 ~ 274, 1998.

LoBello, Steven G., and Benjamin Sims. "Fakability of a Commercially Produced Pre-Employment Integrity Test." *Journal of Business and Psychology*, 8 (2): 265 ~ 273, Winter 1993.

Loevinger, Jane. "Has Psychology Lost its Conscience?" *Journal of Personality Assessment*, 62 (1): 2 ~ 8, 1994.

"Long Hours May Be Hazardous to Your Health." *Worklife*, 12 (2): 4 ~ 5, 1999.

Mael, Fred A., Mary Connerley, and Ray A. Morath. "None of your Business: Parameters of Biodata Invasiveness." *Personnel Psychology*, 49: 614 ~ 650, 1996.

Manese, Wilfredo R. *Fair and Effective Employment Testing*. New York: Quorum, 1986.

Martin, Phyllis. "Hire Smart, Hire Right: The Artful Interview." *Working Woman*, 71 ~ 76, March 1989.

Martin, Scott L., and Crystal Godsey. "Assessing the Validity of a Theoretically – Based Substance Abuse Scale for Personnel Selection." *Journal of Business and Psychology*, 13 (3): 323 ~ 337, Spring 1999.

Maslach, Christine, Susan E. Jackson, and Michael Leiter. *Maslach Burnout Inventory Manual*. Palo Alto, CA: Consulting Psychologists Press, 1996.

Matteson, Michael, and John Ivancevich. *Managing Job Stress and Health*. New York: The Free Press, 1992.

McDaniel, Michael A. "Applicant – Faking Stories: Volume 1." *Industrial – Organizational Psychologist*, 20: 13 ~ 14, 1999.

McLelland, David C. *The Achieving Society*. Princeton, NJ: Van Nostrand, 1961.

McManus, Margaret A., and Mary L. Kelly. "Personality Measures and Biodata: Evidenvce Regarding their Incremental

Predictive Value in the Life Insurance Industry." *Personnel Psychology*, 52: 137 ~ 148, 1999.

Medcof, John W., and Peter A. Hausdorf. "Instruments to Measure Opportunities to Satisfy Needs , and Degree of Satisfaction of Needs, in the Workplace." *Journal of Occupational and Organizational Psychology*, 68: 193 ~ 208, 1995.

Mignin, Robert J., Joan E. Gale, and Pamela Davidson. "Workplace Stress Claims: What Is the Employer's Responsibility?" *Employee Relations Law Journal*, 25 (2): 109 ~ 118, Autumn 1999.

Meijer, Rob R. "Consistency of Test Behavior and Individual Difference in Precision of Prediction." *Journal of Occupational Psychology*, 71: 147 ~ 160, 1998.

Miner, John B. *Miner Sentence Completion Test*. Buffalo, NY: Organizational Measurement Systems Press, 1981.

——. *Scoring Guide for the Miner Sentence Completion Test, Form P*. Atlanta, GA: Organizational Measurement Systems, 1981.

——. *Scoring Guide for the Miner Sentence Completion Test, Form T*. Atlanta, GA: Organizational Measurement Systems Press, 1986.

——. "Entrepreneurs, High Growth Entrepreneurs, and Managers: Contrasting and Overlapping Motivational Patterns." *Journal of Business Venturing*, 5: 221 ~ 234, 1990

——. *The Four Routes to Entrepreneurial Success*. San Francisco: Berrett – Koehler, 1996

——. "The Expanded Horizon for Achieving Entrepreneurial Success." *Organizational Dynamics*, 25 (3): 54 ~ 68, Winter 1997.

——. "A Psychological Typology and Its Relationship to Entrepreneurial Success." *Entrepreneurship and Regional Development*, 9: 319 ~ 334, 1997

——, and Michael H. Capps. *How Honesty Testing Works*. Westport, CT: Quorum, 1996

——, Chao – Chuan Chen, and K. C. Yu. "Theory Testing Under Adverse Conditions: Motivation to Manage in the People's Republic of China." *Journal of Applied Psychology*, 76 (3): 343 ~ 349, 1991.

——, Norman R. Smith, and Jeffrey Braker. "Role of Entrepreneurial Task Motivation in the Growth of Technologically Innovative Firms: Interpretations from Follow – Up Data." *Journal of Applied Psychology*, 79 (4): 625 ~ 630, 1994.

Minor, Marianne. *Preventing Workplace Violence: Positive Management Strategies*. Menlo Park, CA: Crisp, 1995.

Mitchell, Clifton W., and I. Michael Shuff. "Personality Characteristics of Hospice Volunteers as Measured by Myers – Briggs Type Indicator." *Journal of Personality Assessment*, 65 (3): 521 ~ 532, 1995.

Mitroff, Ian I., and Elizabeth Denton. "A Study of Spirituality in the Workplace." *Sloan Management Review*, 83 ~ 92. Summer 1999.

Moad, Jeff. "Psych Tests for MIS Staff: Is This Nuts?" *Datamation*, 40 (13): 27 ~ 29, 1 July 1994.

Mumford, Michael D. "Construct Validity and Background Data: Issues, Abuses, and Future Directions." *Human Resource Management Review*, 9 (2): 117 ~ 136, Summer 1999.

Murphy, Emmett. *Leadership: The Groundbreaking Program to Develop and Improve Your Leadership Ability*. New York: Wiley, 1996.

Nanus, Burt. *Visionary Leadership*. San Francisco: Jossey – Bass, 1992.

Narayanan, Lakshmi, Shanker Menon, and Edward L. Levine. "Personality Structure: A Culture – Specific Examination of the Five – Factor Model." *Journal of Personality Assessment*, 64 (1): 51 ~ 62, 1995.

Nass, Clifford. "Computer – Synthesized Speech and Personality." *Journal of Experimental Psychology – Applied*, in press.

Ni, Yuching, and Neil M. A. Hauenstein. "Applicant Reactions to Personality Tests: Effects of Item Invasiveness and Face Validity." *Journal of Business and Psychology*, 12 (4): 391 ~ 406, Summer 1998.

Nichols, David S., and Roger L. Greene. "Dimensions of Deception in Personality Assessment: The Example of the MMPI – 2." *Journal of Personality Assessment*, 68(2): 251 ~ 266, 1997.

Niehoff, Brian P., and Robert J. Paul. "Causes of Employee Theft and Strategies that HR Managers Can Use for Prevention." *Human Resource Management*, 39 (1): 51 ~ 64, Spring 2000.

Nordvik, Hilmar. "Relationships Between Holland's Vocational Typology, Schein's Career Anchors and Myers – Briggs Types." *Journal of Occupational and Organizational Psychology*, 69: 263 ~ 275, 1996.

Ones, Deniz S., and Chockalingham Viswesvaran. "The Effects of Social Desirability and Faking on Personality and Integrity Assessment for Personnel Selection." *Human Performance*, 11 (2/3): 245 ~ 269, 1998.

——, and——. "Gender, Age, and Race Differences on Overt Integrity Tests: Results Across Four Large – Scale Job Applicant Data Sets." *Journal of Applied Psychology*, 83 (1): 35 ~ 42, 1998.

O'Roark, Ann M. "Comment on Cowan's Interpretation of the Myers – Briggs Type Indicator and Jung' Psychological Functions." *Journal of Personality Assessment*, 55 (3, 4): 815 ~ 817, 1990.

Osipow, Samuel H. *Occupational Stress Inventory*, *Revised*

Edition, *Professional Manual*. Palo Alto, CA: Consulting Psychologists Press, 1998.

Parnell, John A. "Improving the Fit Between Organizations and Employees." *S. A. M. Advanced Management Journal*, 63 (1): 35 ~ 42, Winter 1998.

Potosky, Denise, and Philip Bobko. "Computer Versus Paper – and – Pencil Administration Mode and Response Distortion in Noncognitive Selection Tests." *Journal of Applied Psychology*, 82 (2): 293 ~ 299, 1997.

Piedmont, Ralph L. *The Revised NEO Personality Inventory: Clinical and Research Applications*. New York: Plenum, 1998.

Piedmont, Ralph L., and Joon – Ho Chae. "Cross – Cultural Generalizability of the Five – Factor Model of Personality: Development and Validation of the NEO PI – R for Koreans." *Journal of Cross – Cultural Psychology*, 28 (2): 131 ~ 155, March 1997.

Quenk, Naomi L. *Essentials of Myers – Briggs Type Indicator Assessment*. New York: Wiley, 2000.

Quick, James Campbell. "Introduction to the Measurement of Stress at Work." *Journal of Occupational Health Psychology*, 3 (4): 291 ~ 293, 1998.

Raymark, Patrick H., Mark J. Schmit, and Robert M. Guion. "Identifying Potentially Useful Personality Constructs for Employee Selection." *Personnel Psychology*, 50: 723 ~ 736,

1997.

Renesch, John. *Leadership in a New Era: Visionary Approaches to the Biggest Crisis of our Time*. San Francisco: Sterling and Stone, 1994.

Rentsch, Joan, and Scott Hutchison. "Testing the Test." *HRFocus*, 13, March 1999.

Richardson, Peter Tufts. *Four Spiritualities: Expressions of Self, Expressions of Spirit*. Palo Alto, CA: Davies-Black, 1996.

Rogers, Timothy B. *The Psychological Testing Enterprise*. Pacific Grove, CA: Brooks/Cole, 1995.

Rosse, Joseph G., Howard E. Miller, and Laurie Keitel Barnes. "Combining Personality and Cognitive Ability Predictors for Hiring Service-Oriented Employees." *Journal of Business and Psychology*, 5 (4): 431 ~ 445, Summer 1991.

Ryan, Ann Marie, and Marja Lasek. "Negligent Hiring and Defamation: Areas of Liability Related to Pre-Employment Inquiries." *Personnel Psychology*, 44: 313 ~ 325, 1991.

——, Robert E. Ployhart, Gary J. Greguras, and Mark J. Schmit. "Test Preparation Programs in Selection Contexts: Self-Selection and Program Effectiveness." *Personnel Psychology*, 51: 599 ~ 620, 1998.

——, Mark J. Schmit, Diane L. Daum, Stephane Brutus, Sheila A. McCormick, and Michelle Haff Brodke. "Workplace Integrity: Differences in Perceptions of Behaviors and Situational

Factors." *Journal of Business and Psychology*, 12 (1): 67 ~ 83, Fall 1997.

Sackett, Paul R., and Janet Wanek. "New Developments in the Use of Measures of Honesty, Integrity, Conscientiousness, Dependability, Trustworthiness, and Reliability for Personnel Selection." *Personnel Psychology*, 49: 787 ~ 826, 1996.

Saklofske, Donald H., and Moshe Zeidner (eds.). *International Handbook of Personality and Intelligence*. New York: Plenum, 1998.

Salgado, Jesus F. "The Five Factor Model of Personality and Job Performance in the European Community." *Journal of Applied Psychology*, 82: 30 ~ 43, 1997.

Sampson, James P. "Using the Internet to Enhance Testing in Counseling." *Journal of Counseling and Development*, 78: 348 ~ 356, Summer 2000.

Saunders, Frances Wright. *Katharine and Isabel: Mothers's Light, Daughter's Journey*. Palo Alto, CA: Consulting Psychologists Press, 1991.

Schnell, Eugene R. *The Leadership Report Using FIRO-B and MBTI: Coach's Guide*. Palo Alto, CA: Consulting Psychologists Press, 1999.

Schoenfeldt, Lyle F. "From Dust Bowl Empiricism to Rational Constructs in Biographical Data." *Human Resource Management Review*, 9 (2): 147 ~ 167, 1999.

Schwartz, Shalom H. "A Theory of Cultural Values and Some Implications for Work." *Applied Psychology: An International Review*, 48 (1): 23 ~ 47, 1999.

Segel, Jonathan A. "When Charles Manson Comes to the Workplace." *HR Magazine*, 39 (6): 33 ~ 38, June 1994.

Shostrom, Everett L. *Personal Orientation Manual: An Inventory for the Measurement of Self-Actualization*. San Diego, CA: Educational and Industrial Testing Service, 1974.

Silver, A. David. *The Entrepreneurial Life: How to Go for It and Get It*. New York: Wiley, 1983.

Smith, Timothy W. "Punt, Pass and Ponder the Questions: In the N. F. L., Personality Tests Help Teams Judge the Draftees." *New York Times*, 11 ~ 12, 20 April 1997.

Snell, Andrea F., Eric J. Sydell, and Sarah B. Lueke. "Towards a Theory of Applicant Faking: Integrating Studies of Deception." *Human Resource Management Review*, 9 (2): 219 ~ 242, 1999.

Solomon, Charlene Manner. "Testing at Odds with Diversity Efforts?" *Personnel Journal*, 75 (4): 131 ~ 140, April 1996.

Spirrison, Charles L. "Factorial Hue and Cry: Comments On Jane Loevinger's 'Has Psychology Lost its Conscience?'" *Journal of Personality Assessment*, 63 (3): 579 ~ 583, 1994.

Spragins, Ellyn E. "Psychological Tests: Inside Straight." *Inc.*, 15 (1): 34 ~ 35, January 1993.

Standard, Rebecca P., Daya S. Sandhu, and Linda C. Painter. "Assessment of Spirituality in Counseling." *Journal of Counseling and Development*, 78: 204 ~ 210, Spring 2000.

Starkey, Malcolm. "Testing the Tests." *Management Today*, 76 ~ 79, May 1992.

Steiner, Dirk D., and Stephen W. Gilliland. "Fairness Reaction to Personnel Selection Techniques in France and the United States." *Journal of Applied Psychology*, 81 (2): 134 ~ 141, 1996.

Sternberg, Robert J., and Patricia Ruzgis. *Personality and Intelligence*. Cambridge, England: Cambridge University Press, 1994.

Stone, Dianna L. "Perceived Fairness of Biodata as a Function of the Purpose of the Request for Information and Gender of the Applicant." *Journal of Business and Psychology*, 11 (3): 313 ~ 323, Spring 1997.

——, and Gwen Jones. "Perceived Fairness of Biodata as a Function of the Purpose of the Request for Information and Gender of the Applicant." *Journal of Business and Psychology*, 11 (3): 313 ~ 323, Spring 1997.

The Stanton Survey: New Edition. Charlotte, NC: Pinkerton Service Group, 1995.

Thompson, James W. "An Internal Validation of London House's Step Battery." *Journal of Business and Psychology*, 9

(1): 81 ~ 89, Fall 1994.

Thoms, Peg, and David B. Grenberger. "A Test of Vision Training and Potential Antecedents to Leaders' Visioning Ability." *Human Resource Development Quarterly*, 9 (1): 3 ~ 19, Spring 1998.

Thomson, Lenore. *Personality Type: An Owner's Manual*. Boston: Shambhala, 1998.

Thorne, B. Michael, Julia Houston Fyfe, and Thomas G. Caskadon. "The Myers-Briggs Type Indicator and Coronary Heart Disease." *Journal of Personality Assessment*, 51 (4): 545 ~ 554, 1987.

Tieger, Paul D., and Barbara-Barron Tieger. *Do What You Are: Discover the Perfect Career for You Through the Secrets of Personality Type*, 2nd ed. Boston: Little, Brown, 1995.

Tierney, Pamela, Steven M. Farmer, and George B. Graen. "An Examination of Leadership and Employee Creativity: The Relevance of Traits and Relationships." *Personnel Psychology*, 52: 591 ~ 619, 1999.

Tokar, David M., Ann R. Fischer, and Linda Mezydlo Subich. "Personality and Vocational Behavior: A Selective Review of the Literature, 1993 ~ 1997." *Journal of Vocational Behavior*, 53: 115 ~ 153, 1998.

Turkington, Carol A. *Stress Management for Busy People*. New York: McGraw-Hill, 1998.

Tyler, Kathryn. "Put Applicants' Skills to the Test." *HR Magazine*, 75 ~ 80, January 2000.

Ueda, Yoshikazu. "A Study of the Concept of the Healthy Personality." *Japanese Health Psychology*, 2: 1 ~ 13, 1993.

Vagg, Peter R., and Charles D. Spielberger. "Occupational Stress: Measuring Job Pressure and Organizational Support in the Workplace." *Journal of Occupational Health Psychology*, 3 (4): 294 ~ 305, 1998.

Waterman, Judith A., and Jenny Rogers. *Introduction to the FIRO-B*. Palo Alto, CA: Consulting Psychologists Press, 1996.

Weisberg, Daniel. "Preparing for the Unthinkable." *Management Review*, 83 (3): 58 ~ 60, March 1994.

Weisinger, Hendrie. *Anger at Work: Learning the Art of Anger Management on the Job*. New York: Morrow, 1995.

Ziyal, Leyula. "The Single Psychological Test: (Or Test System) Measuring for Hope." *Journal of Managerial Psychology*, 6 (2): 21 ~ 24, 1991.

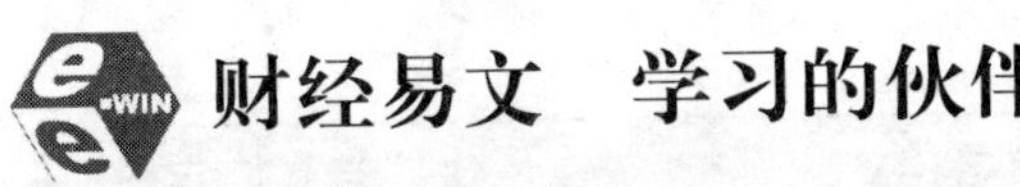

书　　名	作　者	定 价
定位理论精选		
《定位》(Positioning)	Ries & Trout	39.80
《营销战》(修订版)(Marketing Warfare)	Ries & Trout	39.80
《营销革命》(Bottom-up Marketing)	Ries & Trout	39.80
《新定位》(The New Positioning)	Trout	39.80
《市场领导者》(The Market Makers)	Spulber	
向大师学管理系列		
《杰克·韦尔奇领导艺术词典》(Jack Welch Lexicon of Leadership)	Krames	32.00
《质量无泪》(Quality Without Tears)	Crosby	39.80
《六西格玛基础教材》(The Six Sigma Basic Training Kit)	Juran	80.00
《六西格玛是什么》(What is Six Sigma)	Pande	15.00
《情境领导者》(The Situational Leader)	保罗·赫塞	
当代管理精选		
《绩效！绩效！》(Coaching for Improved Performance)	Fournie	24.80
《并购成长》(Digital Deals)	Geis	29.80
成功与自我发展系列		
《外企面试宝典》(More Best Answers to the 201 Most Frequently Asked Interview Questions)	DeLuca	25.00
《人才心理测评》(Psychological Testing at Work)	Hoffman	25.00
《职业经理自我发展手册》(The Manager's Self-development Guide)	Pedler	
麦格劳－希尔 EMBA 教育系列		
《EMBA 销售管理》(Sales Management)	Calvin	

书　　名	作　者	定价
《EMBA财务管理》 (Finance and Accounting for Non-financing Managers)	Weston	
《EMBA兼并与收购管理》(Mergers and Acquisitions)	Weston	
《EMBA公司战略管理》(Corporate Strategy)	Colley	
《EMBA人力资源管理》(Human Resource Strategy)	Dreher	
向大师学投资系列		
《向格雷厄姆学思考，向巴菲特学投资》 (How to Think Like Benjamin Graham and Invest Like Warren Buffett)	Cunningham	29.80
《巴菲特怎样选择成长股》 (How to Pick Stocks Like Warren Buffett)	Vick	29.80
《基金大师伯格论投资》 (John Bogle on Investing)	Bogle	
当代投资精选		
《财务报表分析与证券定价》 (Financial Statement Analysis and Security Valuation)	Penman	98.00
《投资艺术》 (Winning the Loser's Game)	Ellis	19.80
《技术分析手册》 (Technical Analysis from A to Z)	Achelis	
《麦格劳-希尔投资者指南》 (The McGraw-Hill Investor's Desk Reference)	William	
IT管理		
《海阔天空——我在DELL的岁月》	方国健	20.00
战略管理/文化生活		
《心时代——一个情感化的世界及其经济图景》	曹世潮	20.00
广告图书馆		
《颠覆广告》(Disruption)	让-马贺·杜瑞	40.00

财经易文企业培训经典书目

书　　名	作　者	定价
《定位》(Positioning)	Ries & Trout	39.80
《营销战》(修订版)(Marketing Warfare)	Ries & Trout	39.80
《杰克·韦尔奇领导艺术词典》(Jack Welch Lexicon of Leadership)	Krames	32.00
《质量无泪》(Quality Without Tears)	Crosby	39.80
《六西格玛是什么》(What is Six Sigma)	Pande	15.00
《六西格玛基础教材》(The Six Sigma Basic Training Kit)	Juran	80.00
《并购成长》(Digital Deals)	Geis	29.80
《绩效！绩效!》(Coaching for Improved Performance)	Fournie	24.80
《营销革命》(Bottom-up Marketing)	Ries & Trout	39.80
《新定位》(The New Positioning)	Trout	39.80